五千年文明看晉地

從上古神話到春秋戰國
屬於山西的輝煌與宿命

中華文化的崛起之路

大禹治水 × 長平之戰 × 藏山救孤

張石山　著

越山河險阻，開創文明先河
證王朝興衰，銘刻華夏輝煌
山一水皆歷史，一人一事盡傳奇

義與信念在此扎根，文化與傳奇在此流傳
我故鄉在何處？山西洪洞大槐樹

目錄

自序　天命之省

本書列舉了諸多山西之「大」。

山西之大，當然不在地域面積之大、人口眾多之大，而是在歷史文化方面，山西對於整個華夏文明，有著不可替代的極其重大的意義。

山西是華夏歷史文化大省，是農耕發祥大省，是民族融合大省，是戲曲民歌大省，是北方語系中有著獨特「晉語」的方言大省，是對整個華夏文明有著重大貢獻的天命之省。

有如天選天定，華夏文明的基因，最早在這裡栽植、萌生。這裡，成為華夏文明直根的生長發育之地。

本書提出了「天命之省」這個概念，是一個全新的概念。

山西憑什麼可以稱為「天命之省」？對此，本書若干章節都有詳細論說。擇其要者，主要有以下幾點：

一、話說「五千年文明看山西」，堯舜禹前三王建都，皆在山西晉南。有史籍記載，更有考古證明，是為「堯都平陽、舜都蒲坂、禹都安邑」。

近年來，山西襄汾縣陶寺發掘出的堯都遺址，確實已經具備了早期王國都城的幾乎所有功能。

史學界已有定論：最早在山西晉南，這裡是中華文明直根成長的地方。

但是人們會問，在萬里黃河這個晉陝豫三省交界的金三角地區，前三王建都為什麼是在山西？河南、陝西不產糧食嗎？

原來，山西晉南有一個天造地設的鹽池。

運城鹽池，號稱「百里鹽池」。中條山裡的鹽礦，經地下水融化，在山下形成了一個東西長 30 公里，南北寬 3 公里至 5 公里，總面積約 130 平方公里的天然鹽池。

所謂運城，乃歷代國家政府任命的「鹽運使之城」。

華夏文明曙光初現的時代，傳說中的炎黃二帝與蚩尤大戰，史上所謂「涿鹿之戰」，其真實起因就是為爭奪鹽池。事實上，哪個原始部落掌控了鹽池，獲得了人類不可或缺的食鹽資源，哪個部落就最為發達強大。

涿鹿之戰的結果，是炎黃集團獲勝，蚩尤集團戰敗，蚩尤戰死。蚩尤，作為一個失敗者，最終淡出了逐鹿中原的宏偉史劇。

值得特別言說的是：就在運城鹽池邊，一直有座蚩尤塚、有個蚩尤村。在民間話語裡，人們沒有忘記蚩尤，沒有以成敗論英雄。

當今時代，炎黃二帝，包括蚩尤，被一起稱為華夏文明的「人文三祖」。這真是令人快慰的消息！

二、截止到工業時代來臨，創造了全人類最輝煌的農耕文明。

農耕，離不開水。用水、治水，成為華夏農耕史上的極其重大的治國方略。

大禹治水，功高千古。

但是在治理一條桀驁不馴的萬里黃河之前，一定會有經驗的累積。傳說中的台駘治水，比大禹治水要早 500 年。台駘，主要治理的是南北縱貫山西的汾河。

幾乎只有在山西，人們千百年來祭祀、紀念著這位華夏治水史上的偉大先驅。

三、人們常言「江山社稷」。何為社？社，說的是土地川原。何為稷？稷，指的是莊稼五穀。

中華民族最早也是最大的祭祀后土大神廟宇的「社」，在山西萬榮縣。萬榮汾陰后土祠，相傳乃黃帝掃地為壇祭祀大地之處。

汾陰后土祠，是中華民族最早祭祀土地大神的地方。

山西晉南稷山縣，有一座稷王山。稷王山處在晉南萬榮、聞喜、運城、稷山四縣之間。

「后稷教民稼穡」—— 稷，是先民最早播種的穀物代表；后稷，就是「穀物之神」。

稷王山，是中華民族最早祭祀穀物之神的地方。

社與稷，最早起源於山西；后土崇拜、后稷崇拜，最早發端於山西。

四、在這裡，人們仍然會有個疑問：社與稷、后土大神與后稷大神，為什麼最早都出現在山西？

事實上，在傳說中的「大洪水」時代，在台駘和大禹治水之前，只有在黃土高原高出海平面之處，才能種植莊禾。大禹治水之後，方才有「降丘度土」，人們方才能夠到河邊平壩地面去耕種。

說山西是華夏農耕文明最重要的發祥地，這應該是一個中肯的評斷。

五、我們稍稍留心，還會發現：萬里長城，只有山西有內外兩道長城。這又是怎麼回事？

萬里長城，橫亙中國北疆。陝西北部，是黃河大弓背和毛烏素沙漠；河北北部，是縱深數百里的燕山山脈。只有山西正北，山河屏障最為薄弱。從呼和浩特出發，經由土默川，游牧部族南侵的兵車快馬，一天就可直達大同。

於是，防衛中原、拱衛首都、保衛身後安寧的農耕環境、抵禦游牧部族的南侵，主要壓力始終在山西。

事實上，山西為抵禦游牧部族南侵，在中國歷史上做出過最大的貢獻與犧牲。

六、然而，中原農耕文明與北方游牧文明的碰撞、融合，又是東亞板塊上宏偉的歷史篇章。

長城，從來沒有徹底阻斷這融合；長城，恰恰成為這融合的媒介。

西元前 307 年，趙武靈王倡導推進胡服騎射改革，這個改革，最早踐行是在山西。

過了八百年，到西元 493 年，北魏孝文帝開始遷都計畫，強力推行鮮卑族漢化改制，從山西大同發端，漸次推進到整個中國北方。

山西，毫無疑問是華夏民族融合的天命大省。

七、山西「表裡山河」、「最為完固」；山西地形複雜，南北狹長，是北方雜糧大省；山西礦藏豐富，是中國數一數二的煤鐵資源大省；山西號稱「華北水塔」，眾多河流灌沃滋潤了華北平原。

山西是北方語系中有著獨特「晉語」的方言大省，晉方言保留了極其豐富的詞彙與語音，極大豐富了漢語。

八、元末明初，改朝換代，戰亂不休，人煙稀少，是為「千里無雞鳴」。神奇的山西，這個天命之省，奇蹟般地為中華民族保存了人口資源。

明朝初年，朝廷政令下達，經由著名的「洪洞大移民」，華夏民族的人種，由山西撒播全中國。

毫不誇張地說：洪洞移民的後代，遍布當今大半個中國，並且撒播到全世界，他們的老家都是山西。

諸般種種，使我們不能不發出由衷的讚嘆：

山西，果然是一個天命之省！

是為序。

張石山

表裡山河：山西

早在春秋時代的儒家經典《左傳》裡，山西這片地域就被形容為「表裡山河」。這個定義，成了後來人們概括山西獨特的地理地貌、內外環境的經典話語。

為何歷史選中洪洞

「蘇三離了洪洞縣」，京劇以及諸多地方劇，在傳統劇目《玉堂春》裡，都有這樣一句膾炙人口的唱詞。應該說，它大大地提高了山西洪洞的知名度。而在史書上，特別是在民間話語中，山西洪洞原本就有著極高的知名度。在河北、河南、山東、安徽、江蘇等地，數百年來一直廣泛流傳著兩句民諺：「問我故鄉在何處，山西洪洞大槐樹。」

元朝年間，天災人禍不斷。史載黃河至少有八次決堤，抗元起義則多達三十餘次。元朝滅亡之後，中原逐鹿，群雄並起，相互攻伐，戰亂不休，又有二十多年。到朱元璋建立明朝，大半個中國已是人煙稀少、赤地千里。明朝廷於是決定從山西向外移民。從西元 1370 年到西元 1416 年，即自明太祖到明成祖，朝廷先後八次在洪洞地面集中三晉人丁，辦理遷移手續。

山西表裡山河，相對特殊的地理環境，奇蹟般地保存了豐富的人口資源。

眾所周知，地處山西中部的太原，一直是山西省的行政首府。明朝決定從山西向全中國移民，最終的移民集合地點，為什麼不在省會太原，而在一個普通縣分洪洞？

對於此一無法迴避的問題，經過積年的思考追索，筆者自信找到了相對合理的答案。本文主旨，是要大略介紹山西形勝，強調山西在整個地理大格局中無可取代的重要地位。其中，關於「明朝移民集中地最終何以選擇洪洞」這個問題，將會在行文中順理成章地予以解答。

「表裡山河」的出處

早在春秋時代的儒家經典《左傳》裡，山西這片地域就被形容為「表裡山河」。這個定義，成了後來人們概括山西獨特的地理地貌、內外環境的經典話語。

山西，像是飄落在地圖上的一片南北走向的菱形樹葉。它的東部邊界，是雄峻的八百里太行山脈，成為黃土高原與華北平原的分界線。西邊，是自北而南劈開黃土高原的晉陝大峽谷，黃河從內蒙古高原奔注而下，一瀉千里。千里峽谷，山西與陝西隔河相望。陝北「信天游」與晉西「爬山調」，伴著黃河的濤聲，激揚兩岸。山西南端，黃河轉折向東，奔向太陽昇起的地方。彷彿依依不捨，黃河撫摸著山西，緩緩地、默默地，與這裡的山川告別。這片菱形地域的北端，則是布滿雄關要塞的長城。內長城與外長城，晉長城、趙長城與秦始皇修築的「萬里長城」，綿延橫亙，劃分出了農耕山川與大漠草原的疆界。

自古以來，一統天下的朝廷君主，分封諸侯或者設立郡縣，始終都嚴守著所謂「割裂山河」的原則。出於中央政權的安全考慮，藩鎮諸侯管轄的地域，一般都不得獨踞天險。比如，許多省分對長江、黃河以及秦嶺的跨越。

山西，幾乎成為唯一的例外。這裡，山河未曾割裂，幾乎是獨踞天險。

與中華大地大多數東西走向的山脈不同，太行山自北而南，雄踞於黃土高原東部，俯瞰華北平原。中生代燕山造山運動形成的八百里太行，處處雄峰險峽。最典型的是位於壺關等幾縣的太行山大峽谷。其中，王莽峽，兩側聳立著赭鐵色的絕壁，層層疊疊，不愧為「鐵壁銅牆」。龍泉峽，山嶺奔突、奇峰插天，欲與天公試比高。五指峽，蒼松翠柏、林濤吼唱，彷彿盤古開天的吶喊。

許多著名的古老神話，女媧補天、精衛填海、后羿射日等，無論是古籍記載，還是民間傳說，都誕生在太行山裡。人所共知，據傳是堯帝長子封地的長子縣，境內有一座發鳩山。傳說，填海的精衛鳥就棲宿在發鳩山上。而現在的上黨盆地，遠古時曾是一片湖澤，被稱為「東海」。平定縣古貝鄉東浮山頂，建有媧皇廟，還儲存著據說是女媧補天時煉石的遺灶。

在寓言故事「愚公移山」裡，那位老人率領子孫要移走太行、王屋二山，王屋山在陽城縣境內。神話傳說曲折地傳遞著華夏民族先祖們生命的力量與創造的天才。

太行山南端，山西陵川縣境內，有一座棋子山。據學者考證，這裡是圍棋的發祥地。在語言文字誕生之前，人類經歷了一個漫長的符號時代。對那個時代，我們知道的非常少，是中華民族為全人類保存了那個時代的兩大法寶：八卦與圍棋。圍棋只分黑白兩色，這與只用陰陽兩個符號指代萬物的八卦，具有同等的卜筮功能。

商朝時，紂王的一位叔父叫箕子，善卜筮。箕子最早的封地在山西太谷的箕地，而地處商都朝歌西北的棋子山，山上布滿黑白兩色的渾圓石子，也許這裡就是箕子作法占卜的場所。商朝滅亡之際，箕子遠走朝鮮半島。韓國自古尊奉箕子，稱之為韓國的文明始祖，大禮祭祀；其國旗上至今仍然畫著古老的八卦圖形。

水秀山明的山西

山西的西部，與太行山遙遙相對，是呂梁構造期崛起的呂梁山。太行、呂梁之間，由北而南，依次斜向排列著恆山、五臺山、繫舟山、太岳山和中條山五支山脈。這些山脈，將狹長的山西中央裂谷劃分為五大盆地。斷陷盆地與起伏丘陵以及崇山峻嶺，錯雜縱橫於黃土高原臺地。山地占了全省面積的四分之三，山西自古以來的「九府十六州、一百單八縣」，可以說縣縣有山，無縣不山。

雄踞塞北的北嶽恆山，躋身中華「五嶽」。在恆山南北兩峰夾峙的金龍峽，千仞絕壁上，建造著中華古建的奇觀懸空寺。懸空寺鬼斧神工，險絕超群，難怪詩仙李白當年遊歷恆山，慨然寫下了「壯觀」二字。

而「天下名山僧占多」，包羅萬象的中華文明吸納了西天而來的佛教文化，將這種異質文明發揚光大，化作了自身文明的一部分。傳說佛祖當年早有預見：佛法終將東去。五臺山便是象徵「如來佛手掌」的佛法東來之所。如來的五指即是著名五臺：東臺望海峰、南臺錦繡峰、西臺桂月峰、北臺葉鬥峰、中臺翠巖峰。五座峰臺拱衛著臺懷鎮上那成百座佛寺千百年來的香火鐘磬，拱衛著佛教文化與寺廟建築的碩大寶庫。號稱華北屋脊的五臺山，最高峰北臺葉鬥峰海拔超過三千公尺，恰似佛教文化所說的三千大千世界；而這座高峰雄稱「華北第一」，自信地代表著五臺山作為中華佛教四大名山之首的地位。

彷彿要與太行山一爭高下，崛立在晉陝大峽谷東岸的呂梁山同樣處處名山，直插雲端。

位於呂梁山脈中段的北武當山，是北方道教聖地，由七十二峰、三十六崖、二十四澗構成了龐大的文化風景名勝。北武當的山形山勢集雄、奇、險、秀於一身。天然生成的龜蛇風動石，栩栩如生；一樹兩杈的擎天探海松，仙風道骨；建造在山巔絕頂的玄天大殿，巍峨峻拔，早在唐朝以前便是善男信女們的朝拜聖地。

呂梁山脈北端，有華北地區林貌最好的管涔山森林。管涔主峰蘆芽山有如萬頃碧波間蔥翠的蘆芽，聳立在雲表天際。

蘆芽山的對面，有一座荷葉坪，屬於山西四大高山草坪之一。平曠的山頂是萬畝高山草甸，傳說這裡是楊家將當年駐馬練兵的操場。練兵場的點將臺遺址猶在，閱盡了千年春色。每到春耕夏忙過後，鄰近各縣民眾就放牛馬上山。牲口們回歸大自然，在這片神妙的「荷葉」上自由馳騁。

蘆芽與荷葉，在北方高寒地區，是多麼富有想像力和創造性的名字！那簡直就是神仙們在天宮撥開雲霧，才可能看到的景象、才可能產生的聯想。

這裡的生態系統保持完好，因而有中國珍稀動物在山林間出沒。其中，一類保護動物，首數褐馬雞。這種飛禽，在受到鷹隼攻擊時，死戰到底，極其勇烈。因而古代帝王將牠的尾羽做成「褐冠」，以獎賞武士。遠在清代，一雙褐馬雞在歐洲市場上的價格就值兩千銀幣。

據說，這裡竟然還棲息著瀕臨滅絕的東北虎！莫非牠們的故鄉森林砍伐過度，牠們因此不遠千里遷徙而來，選中了這片人間仙境？

這裡有一座神奇的萬年冰洞，冰洞中萬古不化的寒冰來自地質年代上的冰川時期。

這裡還有一個高山天池群落。共有十五座天然湖泊鑲嵌在高山之巔。其中最大的一座天池，唐代曾在此設立牧監，專門為朝廷養牧軍馬，所以又稱「馬營海」。

大唐帝國整頓邊備、養馬練兵之前，驕奢淫逸的短命皇上隋煬帝則在這裡修建了他的行宮「汾陽宮」。西元 615 年，隋朝滅亡的前三年，這傢伙竟帶領文臣武僚、宮娥綵女十萬餘眾，前來避暑遊獵。如此場面浩大的旅遊靡費，堪稱世界第一。勞民傷財、空虛國庫，他的江山社稷不完蛋才怪。

最值得山西人感戴的是 —— 管涔山腳下，雷鳴寺前，那對山西如同命脈一般的汾河源頭。

雷鳴寺，坐鎮汾水源頭。顧名思義，汾源曾經是激流噴湧、氣勢奪人、聲若雷鳴。歷史上，歌舞昇平的年頭，漢武帝的龍舟可以樓船簫鼓，泛舟汾河河心。往前說，即便是攻伐交戰，汾水也足以「水灌晉陽」。到明成祖遷都北京之後，管涔山的粗大圓木還能夠以一千根編成木排，順汾河浩蕩而下，經由黃河，進入京杭大運河，北上直達京都。

山西，山脈交錯，因而河流縱橫。穿越太行，奔注華北平原匯入海河水系的主要河流，有桑乾河、滹沱河與漳河。屬於黃河水系的，則有三川河、昕水河、涑水河與沁河。

最是汾河，作為黃河的第二大支流，縱貫大半個山西，多少年來滋潤灌溉著晉中盆地、臨汾盆地和運城盆地。它與黃河一道，哺育了古老的三晉文明。

《詩經·魏風》中這樣唱道：「坎坎伐檀兮，置之河之干兮，河水清且漣猗。」那曾是一幅讓人何等嚮往的古老圖景。

「可持續發展」的命題困擾著開發中國家。在三晉大地上，如今已建立了以保護天然林木為主的蘆芽山、龐泉溝、歷山、蟒河等自然保護區。「舜耕歷山」時的歷山，也許成了永遠的過去，沉入歷史背後的地平線。而太行獼猴們在蟒河流域天真嬉鬧，真誠希望牠們能夠預示一個未來的永恆。

資源豐饒的瑰寶之地

由於山西南北緯度差距大，河谷盆地與丘陵山脈海拔高程不同，農耕作物與天然植物種類繁多。晉南盆地，古稱河東，盛產小麥，是著名的糧倉。晉中與晉東南一帶，盛產五穀雜糧，品種齊全。太原晉祠稻米、上黨地區著名的小米「沁州黃」，歷來還是進入京都王宮巨第的貢品。至於中北部高寒山地，正像民歌〈交城山〉裡所詠嘆的：「交城的大山裡沒有那好茶飯，只有莜麵栲栳栳還有那山藥蛋。」

莜麵、蕎麵、高粱麵，如今卻被叫做降壓食品、低脂食品、貧糖食品，起碼也是風味食品。而千百年來食用這些食品的山西老百姓，卻難免消化不良。山西人因而最早發明了人類不可或缺的調味品：醋。醋，古語叫做「醯」。所以，山西才有了一個著名的別稱：老醯兒。

明太祖第三子分封在山西太原，叫做晉王。晉王有個兒子寧化王，入鄉隨俗，王府吸收民間工藝，西元 1377 年建立了老字號「益源慶」，老太原則直接稱呼這裡是「寧化府」。王府作坊的精湛工藝又返回民間，西元 1644 年在清徐崛起了民間字號「美和居」。隨著健美醋、健身醋行銷海內外，我們看到，喜歡「吃醋」的早已不僅僅是老醯兒了。

人所共知，山西深厚的黃土地與綿延起伏的山脈，埋藏著豐富的礦產資源。在這個地質之下，除了金銀銅鋁等有色金屬外，還有大量的高品位鐵礦，特別是占中國總蘊藏量三分之一的煤炭。這裡，鐵的冶煉可以上溯到春秋時期。而煤的開採利用，則開啟了時代的先河。當晉商「祁太榆平」（祁縣、太谷、榆次、平遙）商幫遠涉大漠，駝鈴打破西伯利亞的寂靜時，潞安商幫與澤州商幫正在山脈地底的礦井裡揮汗如雨。山西的煤鐵行銷鄰近各省，經營礦產的豪商巨賈同樣富甲海內。

金融界歷來有「自古黃金無大錠」的傳統說法。市面流傳與保值聚斂的黃金，從來都是寸條金和蒜條金。由於潞安商幫與澤州商幫的礦產經營，朝廷依法所徵的稅款數額也極其可觀，成為充填國庫的重要來源。這時，山西商人向朝廷繳納稅金就鑄造了重達五十兩乃至一百兩的黃金大錠。烏黑的煤鐵，確實參與鑄造了歷史上晉商無比傲人的輝煌。

「晉方言」的獨特魅力

山西，由於縣縣有山，無縣不山，山嶺阻隔，造成了人們往來交通的相對不便。山西的每個縣，都形成了各自的地域方言。一個縣通行的語言語音，到另一個縣就行不通。甚至一縣之內，雞犬之聲相聞，但是語言差異極大。

而整個山西，表裡山河的地理特徵，造成了與周邊省分的阻隔。「山西話」在中國北方語系中，成為唯一例外的「晉方言」。晉方言，特徵多多，其中一個主要特徵是發音極富入聲。在中國漫長的歷史上，當北方音韻、中原正音成為中華大地上的流行「官話」時，人們講話的字音四聲「平、上、去、入」裡，入聲佔有了相當大的比例。國語取消入聲，不過是上世紀前半葉的事。李白、杜甫、王維、李賀，詩仙、詩聖、詩佛、詩鬼們在書寫吟誦偉大的詩歌時，不免要步入聲之韻，是山西話——晉方言為最早的「國語」，提供了最寶貴、最豐富也最具有歷史價值的入聲資源。

晉方言，除了山西人使用，在太行山東麓河北河南的若干縣份、河北張家口一帶，幾乎整個陝北，尤其是內蒙古中西部的廣大地區，也極為流行。萬里長城，雄關要塞，並不能隔絕文化的相互交流與融合吸收。從這個意義上講，殘酷的戰爭與和平的邊貿都曾是文明之間的磨合與對話。長城，到底沒有成為永遠的天塹，而最終變成了中華民族大融合的一條紐帶。

為什麼山西有著兩道長城？

行文走筆至此，稍一思索，我們會發現一個問題：

萬里長城，橫亙中國北疆，但是卻只有在山西北部，唯一修築了兩道長城。一道外長城，位於大同盆地北緣，在史上著名軍鎮大同、左雲和右玉一線；一道內長城，在忻州盆地與大同盆地的分界線一帶。內長城，自東而西，排列著著名的三關，為雁門關、寧武關和偏頭關。修築於山西境內的兩道長城，東端分別在北嶽恆山的北麓與南麓形成開叉，西端直到位於黃河邊的偏頭關，方才碰頭。兩道長城，自此復歸為一道長城，從山西的河曲縣跨越黃河，在陝西的府谷縣牆頭鎮繼續一路向西。

那麼，山西為什麼會修築兩道長城？是山西特別有錢，多修築一道長城來以壯觀瞻嗎？還是朝廷格外眷顧山西，讓山西有特殊待遇，特意要在這裡勞民傷財修築兩道長城？

答案當然不會是這樣。

敞開來說吧，筆者之所以率先提出這個問題，是因為已經就此有過思考，自認為有了相對合理的解釋。雖是一家之言，願和盤托出，以就教於大方之家。

長城，作為中原農耕文明抵禦草原游牧部族南侵的防衛工程，它依循了兩大文明的天然分界線，大致修築在 380 公釐降水線的位置上。從中原內地的角度來看，這個防衛工程，位於中國的北方，主要處在河北、山西和陝西幾省的北部邊境。

河北省的北部，是縱深數百里的燕山山脈。陝西省的北部，則是萬里黃河的中段那個巨大的弓形；而且，還有廣袤的毛烏素沙漠。顯然，這並非游牧部族南下的最佳地段。唯有山西，表裡山河的山西，它的北部邊境，恰恰成為最脆弱的防衛地帶。從蒙古帝國的首府庫庫和屯（呼和浩特），經由土默川，直奔山西右玉的殺虎口，兵車快馬，一個晝夜就到。於是，山西最薄弱的防衛地帶，同時成為華夏文明中原政權最薄弱的防衛地帶。

所以，此地非有兩道長城不可。雙重防衛，不可或缺。

縱觀整個中華的大歷史，山西為保衛華夏文明、抵禦北方游牧部族的南侵，付出過慘烈的代價，做出過重大的犧牲。

當然，在整個中華歷史上，山西也就成了農耕民族與游牧民族實踐民族融合的最前沿地帶。

洪洞移民之謎

表裡山河的山西，由於地形的複雜、氣候的差異，獲得了避免發生大面積、大範圍自然災害的優勢。勤勞的三晉百姓，在盆地、在丘陵、在山區，「春種一粒粟，秋收萬顆子」，生息繁衍，子子孫孫無窮匱。深山老林、荒坡野嶺，又使人們贏得了逃避戰亂、保全生命的某種可能。

而在真實的歷史中，元明之際的災荒戰亂，相對而言並沒有太大地危及山西民眾的生存。封閉的，甚或還有幾分惡劣的環境，帶給當時的三晉百姓巨大的庇佑。養育人民的山河，擔負起保護它的兒女的天職，建造了無上功德。

明朝決定移民。

政令強迫之下，成百萬的山西人，不得不攜兒帶女、背井離鄉；不得不告別古老的家園，告別祖宗的墳塋，告別熟悉的山川；不得不被軍士兵丁的槍刺與刀鋒驅趕著，甚至捆縛著，艱難地去向遠方。長途跋涉中，也許在他們需要方便、需要解手的時候，押解軍士才給他們一點「方便」，才允許他們「解手」。

走筆至此，我們可以回答本文開頭提出的那個問題了。

明朝決定從山西向全國移民，最終的移民集合地點，為什麼不在省會太原，而是一個普通的縣分——洪洞？

對此，筆者同樣曾經有過屬於個人的思考與發現，形成了一點個性化的見解。

山西北部的大同盆地和忻州盆地，相對地廣人稀。而農耕文明發育最早、人煙輻輳、人口相對密集處，是省會太原所在的晉中盆地、晉東南的上黨盆地以及晉南的臨汾盆地和運城盆地。明朝初年數次大移民，主要外遷的就是這幾個盆地的原住民。

從地圖上看，運城盆地、上黨盆地以及太原盆地，這三個盆地與臨汾盆地的距離大致相當。人們向臨汾盆地集中，而不是向晉中盆地集中，相對而言最為合理也最為經濟。

再一點，值得我們好生探討。成百萬山西原住民向各地遷徙，到底採用了什麼具體辦法？全部是步行嗎？不管男女老幼，無論年邁蒼蒼還是裹足婦女，大家都必須千里萬里跋山涉水嗎？

我認為，非常可能的事實是：根據朝廷政令，集中到臨汾盆地的洪洞縣之後，外遷的原住民，絕大多數都採用了乘船航運的辦法。如此，既免除了長途跋涉的過分艱難，也極大程度地防止了人們的逃亡。

山西人，明朝年間，大家被強迫，包括被欺騙，首先來到洪洞集中。然後，有如晴天霹靂，他們被告知，朝廷要移民！他們甚至聽不懂當官的所說的「官話」，也對要去的那個陌生的地方一無所知。在根植於洪洞縣的那株著名的大槐樹下，人們牽衣頓足，一片哭聲。哭聲驚動了大槐樹上老鴰窩裡的禽鳥，烏鴉哀鳴，隨後是大雨滂沱。滂沱大雨和著百姓的淚水，溢滿山川。

再見了，山西。再見了，這表裡山河。

淚眼模糊，回望裡，只剩下那株著名的古老的大槐樹。

問我故鄉在何處，山西洪洞大槐樹。

汾水悠悠、淚水悠悠。淚眼模糊的回望裡，大槐樹也只剩下一個輪廓。團團樹影，大家最後還能看見的，是大槐樹上那個大大的老鴰窩。

於是，在河北、山東等地，說起祖上家山，有的這樣講：

聽老輩人傳言，我們是從山西洪洞老鴰窩來的！

所以，在那句民諺之後，還有一句同樣有名的民諺：

問我老家在哪廂，洪洞縣裡老鴰窩。

成百萬移民的痛苦悲傷，溢滿山川。他們唸叨著，永遠記著那兩句民諺，走向遠方。

他們付出的代價，換取到的是華夏人種的再次繁衍。

僅是北京，如今還保留有霍州營、蒲州營、洪洞營等地名。

移民後裔，早已遍布全中國；有的，播揚海外。

他們，有的不遠千萬里，返回洪洞祭祖。有的終其一生，故鄉只是夢裡山河。

故都的巡禮

面對城市化的幾乎不可逆轉的發展，是要文化古蹟，保留牆高池深的古都；還是要現代文明，建造現代化的高樓大廈？這是歷史的兩難命題。

而歷史，從來都是在毀壞與重建中向前發展的。

三王建都與「社稷」之根

《三字經》有經文曰：

自羲農，至黃帝；

號三皇，居上世。

唐有虞，號二帝；

相揖遜，稱盛世。

夏有禹，商有湯；

周文武，稱三王。

這裡，三皇之下，將唐堯和虞舜，並稱「二帝」，將夏商周三個朝代的開國聖王夏禹、商湯和周文王、周武王，一併概括為「三王」。

而古籍記載與民間傳說，還有另一種譜系排列，將唐堯、虞舜以及夏禹，即堯舜禹前三王，作為一個具有連續性的傳承系統。而且，無論儒家經典還是民間話語，都認為在那樣一個上古時代，華夏先人曾經實行過國家或部族集團最高權力交接的「禪讓」制度。

禪讓制度，不是依賴武力，不是經過流血戰爭來奪取政權；也不是什麼自稱「受命於天」，將天下公權占為己有的家天下。它是部落首領之間的相互揖讓，或者是部落聯盟的公議推選。這樣的禪讓制度，隱隱然透出某種原始的、樸素的「民主」與「共和」的意味。

令人非常遺憾，1930年代風行一時的疑古學派，拾人涕唾，從海外躉回一整套嚇人的理論，做出一副無比英勇的樣子，對中國歷史上的先賢痛下殺手。他們的治學方法，對於中華歷史上或有的某些史實，不是「多聞闕疑，慎言其餘」，而是一棍子打死，一筆抹殺。他們引用日本人的說法，說大舜就是一個燭臺，而大禹原本是一條蟲。於是，在疑古學派的表述中，中華民族不配，也根本就沒有那麼長的歷史，古代聖賢推崇前三王，分明就是一些偽造歷史的騙子。

堯舜禹前三王，究竟存在不存在？這個命題，至少是可以討論的。前三王，究竟是否踐行過禪讓制度？這個也是可以探討的。

前賢聖人，即或只是在「托古改制」，他們的用意，也是在倡導和推崇一種理想中的上古民主政治制度，而不是讚譽帝王集權、鼓吹化公為私的家天下。

腳踏實地的考古學家，沒有時間來參與無謂的爭論，不去理睬疑古學派的嚶嚶嗡嗡。他們走向田野，揮動洛陽鏟，奮力去發掘歷史的真相。而皇天不負苦心人，經過幾代考古工作者的不懈努力，他們的發掘已然證實，前三王的故都，都在山西晉南古河東地區，都是千真萬確的事實。

就此，筆者曾經這樣設問：在黃河的這道大折彎，在晉陝豫三省交界處，中國上古史憑什麼要格外眷顧山西？前三王憑什麼通通要在這裡建都？這裡，憑什麼就成了中華文明直根的生長發育之地？難道那時，河南和陝西的土地不長莊稼、不產糧食嗎？

我們至少能從兩個方面來回答這個設問。

第一，山西晉南，在運城附近的中條山下，這裡有一個天造地設的鹽池。所謂「運城」，乃「鹽運使之城」也。運城鹽池，東西長 30 公里，總面積約 130 平方公里。中條山裡蘊藏的鹽礦，經由地下水的溶解，在這裡匯聚成一座鹽湖。盛夏時節，南風吹拂，湖水自然結晶成鹽，完全無毒無害，適宜人類食用。

因而，草根帝王大舜，撫動五弦琴，深情地吟唱出了留傳萬古的〈南風歌〉：

南風之薰兮，可以解吾民之慍兮；

南風之時兮，可以阜吾民之財兮！

事實上，在上古時代，哪個部落佔有了鹽池，經濟實力定是最為強大的，其部族成員定是最為健康的。傳說中的「涿鹿之戰」，就是炎帝集團與黃帝集團聯合起來，為爭奪鹽池打敗蚩尤集團的一場戰爭。

第二，山西的晉南與晉東南，是中華農耕文明最早的發達地區。

「江山社稷」，人們耳熟能詳。社稷之「社」，就是祭祀與供奉土地大神之處。在中國南方，村裡有所謂土穀祠，而在北方，幾乎每座四合院裡都要供奉土地爺。而且，南方和北方都有傳統的祭祀土地神的社日，即春社和秋社。最早也是最大的中國國家級后土祠，就在山西省萬榮縣。萬榮位於汾河與黃河交會處的汾脽之上。傳說，軒轅黃帝在此掃地為壇，最早開始祭祀后土大神。到了漢代，漢武帝簫鼓樓船，泛舟汾河，曾經多次親臨此處祭祀后土大神，並且寫下了著名的〈秋風辭〉。

而社稷之「稷」，是指莊稼。晉南有座稷王山，供奉的正是莊禾五穀之神后稷。

在大禹治水之前，如《尚書．堯典》所載，「湯湯洪水方割，蕩蕩懷山襄陵，浩浩滔天」，華北平原還是一派汪洋。只有在黃土高原地帶，方能耕種五穀。只是在大禹治水之後，洪水退去，人們方才「降丘度土」，從高處下到平廣的川地和壩子，開始耕種收穫。

前三王在山西晉南建都，看似是歷史的偶然，實屬必然。

當然，自夏王朝之後，山西再沒有出現過一統中華的帝國之都。不過，作為華夏文明的搖籃地之一、作為華夏文明史上著名的「河東」、「山右」，這裡曾經有過三個中國歷史絕對無法忽略的重要都城。它們分別是：晉國之都新田、北魏之都平城、大唐北都晉陽。

新田——晉國都城

據史書所載，歷史上的晉國，說來有趣，竟然是來源於一場少年兒童之間的遊戲。

少年周成王，將桐樹葉子剪成一個玉圭形狀，和弟弟叔虞開玩笑說：「我封你當一個諸侯國王。」史官把這次封賞正式記錄下來，輔佐成王治理天下的周公當即鄭重道賀。成王慌忙解釋，說只是在和弟弟開玩笑。周公教導這個年輕的國王說：「天子無戲言。」成王因而不得不冊封弟弟叔虞建立唐國。這就是「桐葉封弟」的故事。按照這個史書上的說法來講，彷彿是嚴肅的廟堂政治破壞了遊戲的樂趣，卻注定了晉國的誕生。

周公與周成王的後來人、前代文人們，曾經對此多有言說。看似嚴謹的歷史記載，卻不免令人生疑：周武王的兒子周成王，他怎樣可以拿朝廷大法來開玩笑？如果成王確屬年少無知，那麼負責輔佐成王的周公，平時又是怎樣教育這個王位繼承人的呢？

在上個世紀，終於有古文字學家解開了這個千古謎題。研究中國古文字的專家，他們慎重地研究考據，發現古文字「唐」字與「桐」字，字形非常接近，極易混淆。史書並沒有錯。周成王本來就是明確封他的弟弟叔虞到古「唐」國那個地方的。後人將「唐」認成了「桐」，於是才有了後來編出的故事，曲意周全，以便自圓其說。

而古唐國，正是夏商周三代封建唐堯後裔的地方。

太原近郊懸甕山下的晉祠，原本叫做唐叔虞祠，只是後來民眾祈雨祭祀，人們更加尊奉唐叔虞的母親，因此在民間口語中被稱作「聖母祠」。

由於唐叔虞祠的存在，因而有一種說法：太原近郊的晉祠一帶，是唐叔虞受封立國的地方。

嚴格講，上述說法不能成立。周朝初年，其國家疆界、有效統治方域，尚未達到山西中北部。古唐國的原址在晉南。

後來，叔虞的兒子燮父，改國號為「晉」，而早期晉國的主體疆域，也千真萬確是在山西晉南。處於晉南的古晉國，開初曾經在富庶的河東建都於翼和絳，最後，於西元前585年，遷都於新田。

自清朝初年，朝廷禁錮思想，學界英才不得不轉而投身煩瑣的古籍文獻考據。有清一代，考據學意外興盛。其中有一個問題，令考據家們爭訟不已：新田，究竟在什麼地方？

上個世紀，考古學家們拋開「紙片經學」走向田野，他們手中的鐵鏟終於挖去了歷史的塵埃，廓清了困擾我們的千載迷霧。

後期晉國的都城新田，那個王朝的心臟，就在當今的侯馬。

故都新田遺址，南北縱深 7 公里，東西橫跨 9 公里。63 平方公里的面積，向我們無言地誇耀著當年的霸強。

古都南城，發掘出了兩座特大鑄銅作坊。出土破碎了的鑄範達三萬餘塊，完全復原的鑄銅模具有一百多件。「一範多鑄」、「復範合鑄」，顯示著晉人早已掌握了高超的鑄造工藝。史家記載晉平公曾想建造一座銅質宮殿，看來並非杜撰。還有精美的編鐘，今天擊打，仍是「不同凡響」。特別是數量眾多的鐵器，堪稱「鐵證如山」。冶鐵工藝的誕生、鐵器的大量生產，極大地促進了生產力的飛躍發展。

揮動的鐵鏟突然停了下來。考古學家屏住呼吸，瞪大了眼睛。一樁史無前例的發現轟動了考古學界。意外的收穫極大地報償了餐風露宿的田野工作者。「侯馬盟書」在 1965 年出土。

盟書，是古代天子與諸侯之間、諸侯相互之間、諸侯國內部士卿之間結盟起誓的文件。神聖的盟書一式兩份，一份藏在盟府，一份埋入地下或投入江河，由天地鬼神作證，不得背棄反悔。盟誓活動，在史書上多有記載，卻從來沒有過考古實物出土見證。

侯馬盟書多用玉片做成，毛筆書寫，共出土帶有朱書文字者五千餘件。當年參加盟誓的人員多達一百五十人。執掌晉國朝政的正卿趙鞅透過這次盛大的結盟，在六卿之中團結了韓、魏、智三卿，形成了誅滅范氏、中行氏兩族的壓倒性優勢。從此，晉國開始了「四卿執政」，最終導向了「三家分晉」。

強大的晉國滅亡在即，新田將退出歷史舞臺。透過侯馬盟書，我們與考古學家一起目睹了那歷史的一瞬。

而即便晉國滅亡了，韓趙魏三家分晉了，山西這片土地、這個省分，始終簡稱為「晉」。整個山西，又別稱「三晉」。這樣的名稱名號，在歷史上記載著、在人們心中記憶著，記憶著春秋時代的強大國家晉國和它的首都新田。

平城——北魏之都

名滿天下的大同雲岡石窟，是北魏王朝皇家主持建造的宏偉工程。

當不知名的工匠，那些天才的藝術家們，用錘鑿開始雕刻這座被北魏王朝選中的幸運的岡巒時，一個馬背上的民族鮮卑族，鐵騎馳騁，以史上最飛快的速度，從野蠻奔向了文明。

西元386年，鮮卑族拓跋氏建立北魏王朝，西元398年，在平城。一場新一輪的民族大融合最早從山西開始，逐漸推向整個北中國。

山西，自古就是中原農耕文明抵禦北方游牧部族南侵的前沿陣地。兩種文明的衝突與交融在這裡顯得格外鮮明。而歷來在北方生存發展的游牧民族，凡是進入漢族農耕地區的，即便是作為征服者，最終都無法避免在文化上反被征服的命運。許多民族在這個征服與反征服的過程中融入了漢族之中。從先秦的嚴允、犬戎、白狄、赤狄，直到漢代以後的匈奴、烏桓、丁零、鐵勒，幾乎無一例外。

上述這些民族，融合到漢民族之中的過程，基本上都是被動的。我們今天可以平靜敘說的「民族融合」，當年都付出過無比慘烈的代價，包括征服之初的血腥鎮壓與被推翻之後的野蠻報復。

只有北魏拓跋氏，主動選擇了一條也許不是「絕後」，卻無疑是「空前」的，堪稱英明的民族融合之路。

面對當時世上最先進的漢文化，其他民族如果嚮往「現代化」，就必須向漢文化學習。這個現代化的最終指向，則必定是「漢化」。

西元 471 年，五歲的北魏孝文帝即位，他的祖母太皇太后馮氏臨朝執政。到太和八年（西元 477 年），在這位偉大的漢族女性的主持下，北魏開始改革。改班賜制為俸祿制，變計口授田制為均田制，易宗主督護制為三長制。帶有游牧部落性質的王朝體制迅速向封建體制過渡。孝文帝拓跋宏親政後，秉承他的漢族祖母的遺志，繼續大力推行改革。

太和十八年，大無畏的天才皇帝以出征南朝的名義，實施了偉大改革之完成漢化的第一步，遷都洛陽。聰明的孝文帝懂得，平城雖好，卻到底不過是用武之地，畢竟處於華夏大地的北部邊陲，真正要移風易俗，必須挺進中原。這位皇帝改革家，在祖母陵前舉行了告別儀式，率領三十萬大軍揮師南下，踏上了銳意改革的不歸路。

遷都之後，孝文帝首先下令，禁止所有人穿胡服；接著，正式頒布法令，要求鮮卑族的貴族官員與一般民眾停止說鮮卑話，一律講「中原正音」，有在朝廷上說鮮卑話的，一概免職。

到太和二十年，孝文帝走出改革中最徹底的一步：皇族拓跋氏，帶頭改姓，改為元氏。所有功臣舊族，一律改姓。如丘穆陵改為「穆」，步六孤改為「陸」，賀樓改為「樓」，獨孤改為「劉」等等。

孝文帝的改革，是完全自覺的。北魏當時對北中國的統治已經穩定，國勢如日中天，並沒有到不改革就民族覆滅的地步。而他主動改革遷都漢化的直接結果是成百萬鮮卑族與其他北方各族，和平地遷入中原，和平地融入了華夏族群。吸收匯合了各民族文化的中華文化，愈加博大雄宏，為後來的盛唐文明奠定了堅實的基礎。

從唐朝初年開始，鮮卑族拓跋氏建立的王朝，被正式承認為中華正統，與承接晉朝法統的南朝，享有同等的歷史地位。一個北方部族建立的王朝，被視為正統，這在中國歷史上同樣是空前的。

這種漢化是徹底的、義無反顧的，拓跋氏因此消失了，而由拓跋氏改姓的元氏，子孫不絕，名人輩出。隨便列舉，就有唐朝大詩人元結、元稹、金代大詞家元好問等等。

讓我們往前追溯，戰國時代的趙國趙武靈王，曾經倡導

「胡服騎射」，主動向北方游牧部族學習。那場重大的改革，在中國文明史上功高千古，其時在西元前 307 年。

北魏孝文帝拓跋宏，又是主動改革，使鮮卑族徹底漢化，西元 493 年，開始遷都計畫。

歷經八百年左右的民族大融合，許多新鮮血液注入了漢民族，漢民族吸納了眾多民族的文化。唐太宗的祖母，是鮮卑族獨孤氏。便是唐朝李氏，也已經不是純粹的漢人血統了。

鮮卑族，作為單一民族，在形式上是消失了；但是這個民族的基因在漢民族的血脈中贏得了永生。

山西北部邊界的大同，古代的平城，這裡最先迎接了那個馬背上的民族，托起了孝文帝嚮往文明的改革之夢。

戰火烽煙，沙塵風暴，早已淹沒了昔日古都。

也許唯有雲岡石刻，才留住了時間。

雄偉的造像，高大雄強、氣度恢宏、自信滿滿。

具有遠見卓識的北魏王朝，由皇家主持投資開鑿的雲岡石窟，成為人類文明史上的瑰寶；同時，成為這個王朝胸懷博大的見證，成為一部石刻的《魏書》。

晉陽——大唐北都

古城晉陽，歷來被稱為「龍興之地」。從三家分晉之後的趙國，到大唐王朝，乃至「五代」時的後唐、後晉、後漢，都是興起於晉陽。也許就是出於這種恐懼，宋太宗趙光義經過血戰打下晉陽之後，火焚了這座歷史名城，爾後又決汾河之水漫灌廢墟。如此殘忍愚昧，「自毀長城」，或者已經注定了趙宋天下的可悲下場。

晉陽，自古作為中原屏藩，始終是北方的雄關重鎮。

人所共知，唐太宗李世民十八起兵，人稱「太原公子」。稱帝後，他十分重視晉陽的策略地位，委派凌煙閣畫像上的開國元勛之一徐茂公李績駐守晉陽，長達十六年。唐朝北疆因而獲得了穩固與安寧。

武則天即位後，不僅因為晉陽是唐朝開創之地，還因為山西是這位開天闢地的女皇帝的故鄉，於是她下詔置晉陽為大唐北都。詔令在晉陽恢宏的東西二城之間，於汾水之上「架橋聯堞」，建造中城。晉陽由此成為大唐帝國僅次於西都長安、東都洛陽的第三大都會——北都晉陽。

由於晉陽的重要策略位置，趙光義將龍城夷為平地之後，又不得不在距古城舊址東北三十里的唐明鎮築起一座小土城，而且有意迴避「晉陽」、「太原」的稱謂，只設立了一個「緊州軍事」。那座小土城，史載係由大臣潘美所主持建造。潘美在演義小說中被改稱「潘仁美」，被描述成一個「奸臣」，當今太原城的雛形由一個奸賊建立，恐怕令許多人難以想像。

而這就是歷史的真實和嚴酷。

更嚴酷的是，新建的晉陽土城，周長只有十里左右。比起當年唐王朝的北都，宋代的晉陽只是一個彈丸小城。金兵南下，鐵騎奔突，晉陽軍民不得不用血肉築起新的長城，付出了慘痛的代價。

北宋宣和七年（西元 1125 年），金國滅遼，接著乘勝出動東西兩路大軍攻宋，欲會師宋都開封。由元帥粘罕率領的西路大軍，在晉陽遭遇了最頑強的抵抗。宣撫使童貫——那個北宋四大奸臣之一的傢伙，倉皇逃離了晉陽。當時的太原知府張孝純與都統制王稟，將城中市民「十五以上，六十以下」都編入軍隊，對壓境的大軍進行了殊死抵抗。由於長期被圍困，城中嚴重缺糧，居民十之八九都被餓死。軍士們先以牛馬驢充飢，後來竟然吃盡了弓弦與皮甲。儘管如此，在後方已被敵人占領的情況下，晉陽孤城依然堅持抗戰二百五十多天。

最可悲的是，當晉陽軍民寧死不屈、血戰到底的時候，無恥的宋朝廷已經與金國簽訂了屈辱的城下之盟，將晉陽割讓給金國！繞道攻占了山西南部的粘罕，得到宋欽宗詔書，如獲至寶，輕鬆愉快地返身來收取晉陽。這時，知道已經被自己的皇上出賣了的晉陽軍民，仍然拒絕投敵，死戰到底。

靖康元年（西元 1126 年）九月初三，糧盡援絕的晉陽終於失陷。知府張孝純力盡被俘，都統制王稟奮勇巷戰，重傷十幾處，最後身背檀香木製的宋太宗御像，投汾河自盡。

投河自盡的王將軍，身背宋太宗御像，就其本心，自然是不肯讓先皇的御像落入敵手。古人一腔忠義，令人肅然起敬。

但是這件事本身，又足以令人感慨萬端。曾經愚蠢地下令毀滅北都晉陽的宋朝皇帝，儘管早已作古，但是他的等同於真身的御像，不得不吞噬愚蠢之苗結出的苦果。

汾河萬古悠悠，龍山千載巍巍。它們曾經目睹了晉陽古城史上一幕幕的壯烈與輝煌。

西元 645 年，唐貞觀十九年，唐太宗李世民東征高麗歸來。「太原公子」首先回晉陽沐洗征塵。故地重遊，稱雄海內的大帝感慨萬端，寫下了著名的〈晉祠之銘並序〉，是為聳立在懸甕山下晉祠名勝的「貞觀御碑」。

毀滅故都晉陽的宋太宗趙光義東施效顰，竟然也在這裡樹碑立傳，號稱「太平興國碑」。但是沒過多久，御製碑上的文字，就被老百姓鑿除乾淨；之後，連那塊殘破醜陋的石頭也不翼而飛。

早在三家分晉之初，趙簡子基於士卿鬥爭的需要和屏障國土的遠見，就最早建造了古城晉陽。當智伯聯合韓魏兩家攻打趙氏時，是強固的晉陽支撐了趙氏最後的抵抗。當時，智伯也曾「水灌晉陽」，但是終究未能攻陷這座城池。

愚蠢的趙光義，作為趙氏後人，恰恰是他在攻克晉陽之後，殘酷地火焚、水灌，毀滅了這座古都。即便晉陽真是龍城，它也曾經是趙氏的龍興之地。數典忘祖，何其愚哉也夫！

在上世紀中葉，由於戰爭與人為的因素，中華大地上很多古城都被毀壞拆除了。

面對城市化的幾乎不可逆轉的發展，是要文化古蹟，保留牆高池深的古都，還是要現代文明，建造現代化的高樓大廈？這是歷史的兩難命題。

而歷史，從來都是在毀壞與重建中向前發展的。

所有的故都，最終都將淹沒。

只有人類文明在層層積澱。

跨越阻礙

三晉古人在三晉大地上，建造過燦爛的古老文明。

歷代晉人走出三晉，跨越地理與心理的雙重阻隔，壯麗偉烈，如鳳凰涅槃。

晉人帶著古老大地賦予他們的早發文明，足跡所到之處，又建造了難能可貴的輝煌。

亙古命題：衝破與跨越

自古以來，山西被稱為「表裡山河」、「最為完固」。它的東部，太行山壁立萬仞，成為黃土高原與華北平原的天然分界；西部，晉陝大峽谷驚濤駭浪，斷岸千尺，「秦晉之好」似乎只是一個美好祝願；南邊，黃河轉折向東，大河之南才是沃野中原；而北邊，古長城雄關險塞，戰火烽煙，游牧部族虎視眈眈。因而，這片華夏文明的發祥地幾乎與周邊省分完全隔絕開來。

中華民族，特別是文人，向來有「諛地」的傳統，將熱愛故土家園的心情，發揮到某種極致。故國山河，被世代讚美，淋漓盡致。即便是再不起眼的邊州遠縣，也絕對會有文士名流封點的所謂「四勝」、「八景」。山西又何嘗能夠例外。

只是，封閉阻隔畢竟是一種嚴酷的真實、真實的嚴酷。

「表裡山河」，無疑就是山河阻隔；

「最為完固」，簡直等於完全封閉。

這種自古而然的阻隔，這種從來如此的封閉，早已不再僅僅限於地理意義。質言之，這非常可能內化為文化的局限，甚至投射成為某種程度的心理封閉。

因而，跨越阻隔、突破封閉，命定地成為三晉人民自古而然的使命、從來如此的天職。

險惡的自然環境束縛著人們的手腳、遮蔽著人們的視野，但是也磨練著人們的意志、考驗著人們的韌性。好比沉重的大磨，往往會磨去石子的稜角，但是也砥礪了劍。

跨越與衝破，成為山西亙古以來唱響的悲壯史劇的命定主題。

征服太行，開山通道

與「秦嶺十谷」齊名，「太行八陘」更為古老，也更為險絕。所謂「陘」者，是山脈中斷之處；太行八陘則是三晉古人在太行山的斷裂峽谷艱難開闢出的天險通道。征服太行，成為山西跨越阻隔、衝破封閉的第一樂章。

八百里太行橫亙綿延，崛立在黃土高原東岸，彷彿天神力挽狂瀾，驟然遏止了山的洪濤對華北平原的傾瀉。然而，這大自然創造的奇觀，也同時阻隔了山西矚望蔚藍色太平洋的目光。山的那面是什麼樣子呢？太陽究竟是從哪裡升起的？跨越阻隔、探尋未知，是孩童們稚氣的發問，也正是人類童年的夢幻。

威嚴沉默、高峻險絕的山，逼視著遠古人類的夢想與發問，衡量著人的意志、品格的高度。於是，精衛開始填海，愚公動手移山。崛立在天地之間的人類立時顯得異常高大，人類的夢想無比綺麗。

在〈愚公移山〉的古老寓言裡，挖山不止的愚公終於感動了上帝，派誇娥氏的兩個兒子移走了太行、王屋二山。而在歷史的嚴酷真實中，從來就沒有什麼救世主。山西面對高聳的大山，從來沒有停止揮動那把挖山的鋤頭。

建安十年（西元 205 年），一代梟雄曹操發兵攻取山西壺關，前來平滅袁紹外甥高幹的叛亂。大軍經由太行陘古道，這位文豪軍事家不禁吟出了流傳千古的詩句〈苦寒行〉：

北上太行山，艱哉何巍巍。

羊腸坂詰屈，車輪為之摧。

……

曹操當年率大軍經過的山道遺跡，「魏武摧車處」，至今猶存，成為〈苦寒行〉不朽的注解。滿腹機謀、麾下千軍的曹公，行進在三晉古人已然開通的古道上，尚且浩嘆連連，〈苦寒行〉又成為太行山高峻險絕的不朽見證。

就是面對這樣的大山，為了突破封閉、跨越阻隔，山西的先民用難以想像的勇氣和毅力，經過漫長的艱苦開拓，終於開闢出了著名的太行八陘。

太行八陘，是穿越太行山脈、山西通往河北河南的古道。自北而南，這八陘分別是：軍都陘、飛狐陘、蒲陰陘、井陘、滏口陘、白陘、太行陘、軹關陘。

飛狐陘是山西北部東出太行的咽喉，是大同盆地通往河北平原的唯一路徑。漢高祖劉邦、光武帝劉秀，出於戰爭需要，都曾徵發人役修築此道。北魏時期，建都大同平城的拓跋王朝更是徵發民工萬餘，拓寬過這條通道。因軍事而開闢的道路，後來成為山西北部與河北、北京連繫的重要紐帶。

太行陘則是山西南部東出太行的重要通道。早在春秋時期，晉國稱霸，高揚「尊王攘夷」的旗幟挺近中原，就積極開疏拓展了這條古道。到戰國時期，三分晉地的趙國，穿越太行陘，都城由晉陽遷往河北邯鄲。趙國疆域則由河北西部、山西北部，擴展到漠北草原、河套地區。名將李牧修築的趙長城竟遠達大陰山北麓。趙國一時間成為當時橫跨太行山、控馭晉冀蒙的泱泱大國。趙氏，成為山西最早跨越阻隔、突破封閉的光輝代表。可以說，後來的趙武靈王倡導「胡服騎射」絕非偶然，穿越太行陘已經證明了這個王國的勃勃生命力。

後來，戰國七雄征戰攻伐，皆要爭奪太行陘。著名的「長平之戰」曾經發生在這裡。趙國大軍正是被切斷了這條與國都邯鄲連繫的生命線，最後全軍覆沒。

太行陘最早成就了趙國，又最終扼殺了趙國。悠悠千載，令人感慨萬端。

井陘，是山西中部東出太行的必經之路。《資治通鑑》載，千古一帝秦始皇死後，他的靈柩正是從沙丘經由此道進入山西，爾後南下回歸咸陽。

井陘險絕處立有今人在此豎立的一筒碑，記述了楚漢相爭時名將韓信在此「背水一戰」的史蹟。歷史，曾經導演過多少背水一戰、轉捩乾坤的精采瞬間？而那從來都不是「開始」

的結束，更不是「結束」的開始。

古道悠悠，迤邐蜿蜒。文明跨越了悠遠的過去，經由時空的此在，朝向不盡的將來。

挑戰天險，跨越黃河

當山西的先民艱苦卓絕地開通了太行八陘的同時，他們向著西部那與太行遙遙相對的呂梁，同樣進行了跨越。山的西面，又是什麼？太陽究竟落到哪裡去了呢？如同夸父逐日，他們追趕著西墜的太陽，披荊斬棘，向前、向前。太陽早已越過大峽谷對面的山脊，即將沒入夜幕。殘陽如血的視界裡，乍然間大河橫亙。滔滔激流、恣肆汪洋。黃河，無情地阻斷了腳下之路。曾經為翻越大山淌出的血汗，被殘酷地付之流水。

為了跨越黃河天險，華夏先祖不唯付出過難以估量的艱辛與犧牲，更迸射出令人驚嘆的天才智慧。

直到近代，黃河邊上的鐵膽好漢，在冬天，仍然勇於依賴一塊木板，爬過「咔咔」作響的冰面；在夏天，能夠裸身橫渡濁浪翻滾的激流。作為個體，有人藉助一隻羊皮筏子或者兩隻葫蘆也可以渡過黃河。而作為社會群體，無論是軍事還是經濟意義上的跨越，葫蘆就太微小了。跨越的欲望，激發出先民天才的智慧，船與橋應運而生。在黃河流經山西 965 公里的軀幹上，山西先民開發建造了許多著名的渡口，在萬里黃河上架起橋梁。那是古老文明的又一種形式的跨越。

黃河從內蒙古高原轉折而下，在晉西北的偏關縣老牛灣進入山西地界。而後南下穿過長達百里的龍口峽谷，到達河曲，由此繼續南下，奔入晉陝大峽谷。在這黃河轉折處，「雞鳴三省」之地，河心裡有個著名的「娘娘灘」。傳說這裡是漢文帝的母親躲避宮闈迫害之處，這是萬里黃河上唯一可以住人的島嶼。藉助這個特殊的地利之便，這裡成為山西跨越黃河通往陝西和內蒙古的重要古渡口。一代又一代的山西先民，從這裡跨越黃河，奔向草原與大漠，去開拓、去謀生。生離死別、背井離鄉，演繹出一幕幕人間悲劇；牽腸掛肚、夢魂縈繞，創造出無數的民歌酸曲。

娘娘灘的上游不遠處，河心裡有一個圓形小島「太子島」。從娘娘灘這邊看上去，太子島正處在龍口峽谷的出口處，所以，此一特別的景觀被叫做「龍口吐珠」。

從河曲往下，便是千里晉陝大峽谷。這道峽谷，最後的埠，則是著名的龍門。由「龍口」至「龍門」，這真是天才的稱謂命名。

千里晉陝大峽谷，沿途險灘向來有「七十二磧」之說。其中，在黃河航運史上最負盛名的是磧口。

再往下，黃河就來到名動天下的壺口。在這裡，除了驚心動魄，還是驚心動魄。

山西的先民，除了建造渡口，跨越黃河，還在晉陝大峽谷發展了堪稱人間奇蹟的航運事業。從青海的冬蟲夏草，到甘肅的髮菜；從寧夏的甘草蕎麥，到內蒙古的皮貨馬匹，都要經由黃河最凶險的這段河床向下發運。沿河口岸，因而商賈雲集；各大碼頭，於是帆檣如林。

當上下船隻必須經過壺口的時候，無比壯觀而驚心動魄的壺口，成了船舶無法踰越的天險絕地。山西的先民，挑戰天險，創造出了「旱地行舟」的今古奇觀。

人們先卸掉船上的貨物，用人力車馬將之搬運到下游；然後將巨大的空船拖上岸來，硬是要在純粹的陸地上依靠人力畜力，把這龐然大物一寸一寸挪動，挪往下游，然後歸入河道，繼續載物航行。旱地行舟的距離竟達數十公里。那是怎樣一種偉烈？也許，只有身旁的壺口瀑布可以與這種人間偉烈相媲美。壺口瀑布巨雷般的轟鳴，這時成了向人類致敬的掌聲與歌贊。

經過壺口，經過傳說中大禹治水劈開山脈令黃河傾瀉而下的「禹門口」，黃河來到古城蒲坂。至北而南奔騰千里的黃河，即將轉折東去。這裡，黃河與她的山西子民彷彿有約三生，命定要在這裡共同鑄造又一個歷史的輝煌。

鐵牛見證的輝煌

「舜都蒲坂」，堯選中了舜承接帝位，舜選定了蒲坂——亦即山西最南端的蒲州、當今的永濟，來建造他的都城。

這裡瀕臨黃河，西岸是一馬平川的關中盆地。黃河再往下，就來到了它的最後一個大折彎。首先，黃河自北而南撲向了潼關，受到這個著名關山的阻遏，河水轉頭向東，由此直奔太平洋。而從此向東奔流的黃河，河水的南岸便是沃野千里的河南中原。

舜選擇了蒲坂絕不是隨意而為。後來，他就是從這裡出發去巡察九州；後來，他的繼承人禹，也是從這裡出發，去創造歷史上人類治水的宏偉業績。再後來，歷代王朝在這裡設蒲州府，這裡的渡口成為歷史上聲名赫赫的蒲津渡。

西元前 541 年，山西古人在蒲坂建造了黃河上有史以來的第一座橋。據專家考證，這種橋屬於原始形態的浮橋。用竹索籐條綁紮舟船聯結加固而成。由於河水氾濫衝擊，特別是每年冬春之交黃河冰凌的轟擊衝撞，浮橋幾乎年年都要遭到毀壞。儘管如此，那也無疑是山西先民對天險黃河的一次劃時代的跨越。

唐玄宗開元九年（西元 721 年），蒲州改稱河中府。這座古城成了帝國控馭河東的鎖鑰。開元十二年，即西元 724 年，山西先民在蒲津渡開工修建了一座由八條巨型鐵鏈鎖連千艘舟船的浮橋。固定八條鐵鏈的，是在兩岸灘頭分別鑄造的八尊鐵牛。作為浮橋的鐵錨，「鎮河鐵牛」重達三萬公斤。每條鐵牛身旁，又都鑄造了鐵人鐵山，並且將它們焊接在一塊巨型鐵板上。經計算，浮橋鐵錨的總重量達到 200 餘噸。

智慧與文明，駕馭一個鐵的群體，實現了人類當時對黃河最完美的跨越。面對雄健的鎮河鐵牛，遙想當年蒲津鐵索浮橋的規模氣勢，現代著名的橋梁專家都不由得交口稱讚：鎮河鐵牛是具備實際功能的藝術珍品，是技術和藝術的完美結合，是古人對世界橋梁、冶金、雕塑事業的偉大貢獻，是人類橋梁史上的無價之寶。

黃河千百年來的洪水氾濫和河道淤積，特別是明朝萬曆三十年的一場特大暴雨，讓黃河狂漲，蒲州這座千年古城終於被滾滾波濤淹沒。洪水退去後，河道西移五里，古城古渡、鎮河鐵牛、神奇與輝煌，從此沉埋在泥沙之下。滄海桑田。

1980 年代末，挖去厚度近十公尺的泥沙，鎮河鐵牛這人類橋梁史上的無價之寶，得以重見天日。

天災人禍、戰亂兵燹、歷史風沙、時光磨滅，人類有多少文明成果被永遠埋葬，被永世遺忘？鎮河鐵牛被重新發現，它們是幸運的。不過，即便它們至今不被發現，它們依然是歷史的幸運兒。它們畢竟目睹過黃河的浩瀚、蒲州的輝煌，它們曾經參與過人類對黃河的跨越，在那跨越中它們已經贏得了永恆。

河中府，王維、王之渙曾經吟誦著華美的辭章，從這裡奔赴長安；蒲津渡，柳宗元、司馬光曾經在這裡回望故鄉；鎮河鐵牛，一定看到過河東節度使郭子儀平滅「安史之亂」的虎賁戰將；鐵索浮橋，山西聞喜裴氏家族歷代所出的七十餘名三公宰相，正是踏過浮橋、跨越天險，走上治國安邦的殿堂。

鐵牛默默無言。它們瞠視著如血的殘陽。山西的先民，將自己「夸父逐日」般的跨越之夢，澆鑄成了鐵牛不死的靈魂。

蒲津渡往下，黃河更加浩浩蕩蕩、開闊疏朗。在這晉陝豫三省交界，華夏文明的直根最早生長發育之地，三晉古人開發建造了三個著名古渡：風陵渡、大禹渡和茅津渡。

風陵渡，相傳因黃帝的大臣風後葬於此地而得名。千百年間，這裡是山西向周邊各省出口食鹽的要津。

大禹渡，傳說大禹治水，是從這裡乘船東下，去鑿開三門峽，導河入海。

茅津渡，在山西正南，是黃土高原南部屏藩三晉、俯瞰中原之處。

三大渡口，曾經見證山西遠古時期的人們對黃河的跨越。那是華夏古老文明的直根壯大後的伸展，是文明演進的本身。

巍巍太行，滔滔黃河，不曾阻隔了文明的雄壯突圍與跨越。

越過長城的民族融合

與險峻的高山相比，與洶湧的大河相比，人力修築的萬里長城，更成為一種頑固的自我封閉與人為阻隔。

毫無疑問，帝王天子的開疆拓土或者退縮自保，幾乎一概是天下民眾的不盡苦難。從歷史上看，喜歡歌頌地理山川的歷代文人，對長城例外地惜墨如金。他們對長城的歌詠，必定伴隨著刀劍、白骨、淒寒與荒涼。長城，成為一個中原文士心理上的悲劇地帶。

游牧文明與農耕文明的衝突、華夏族群與草原部族的隔膜、數不清的戰爭所積聚醞釀的仇恨與血淚，堆積於此。長城，成為人們心理封閉和文化阻隔的天險。這種狀況，由於特殊的地理因素，對於原本就封閉的山西尤顯嚴重。

但是在三晉民眾看來，在不得不居住在長城地帶的老百姓看來，在事實上與北方部族尋常招手相望、山歌互答的普通民眾看來，長城只不過就是長城。甚至，大家只知道它叫做「邊牆」。這裡，恰恰又成為農耕文明與游牧文明對話與接觸的前沿，乃至成為兩種文明發生互動影響，爾後回饋到各自社會深層的確定不移的歷史場合。

因而，在長城的各大關口，歷來都是山西商人雲集，晉人店鋪林立。商貿往來、文化交流，使冷峻的關隘發展成著名的貿易口岸乃至從無到有的城市。「長城之下的集市」，這裡恰恰變成對帝王政治多半消極，而對商貿交流永遠積極的城市。

因而，即便在戰爭期間，凡築城駐兵之所，山西商人便同時造屋囤貨。部隊行營進擊，商人們甚至也要尾隨前進，刀光劍影裡，他們亦不曾裹足後退。在豪情之下的商貿利潤，使人們真正一不怕苦、二不怕死。

因而，當康熙三十六年（西元 1697 年）朝廷決定開放邊關，晉商順理成章地藉機崛起，並迅速達於空前輝煌。他們完成了比成吉思汗大帝的遠征更為意義深廣的文明跨越。

但是，我們無論如何應該看到：封閉阻隔的擠壓局限，使山西民眾自然地迸發出了突破封閉、跨越阻隔的反彈。這種反彈，表現在對長城的地理上，特別是心理上的超越，則尤為強烈。所以，比晉商的崛起更為久遠，普通勞苦大眾早已實現了對長城的跨越。即便在朝廷封邊、嚴禁南北有任何交流的年代，山西的窮苦人民，為了最起碼的謀生需求，也曾經冒死犯難，義無反顧地踏上漫漫西口路。

即便是「飲馬長城窟，水寒傷馬骨……君獨不見長城下，死人骸骨相撐拄」，走西口的山西先民依然越過長城、向著草原、向著大漠，一批又一批，一代復一代，前赴後繼、昂然北進。走，走，走！是無數西口路上的離情別苦、墳塋白骨、眼淚血汗，支撐了晉商輝煌的崛起，帶動了文明的撒播，促進了文化的互動，實現了跨越長城的民族大融合的夢想。

「先有復盛公，後有包頭城」，這樣的說法體現著某種歷史的真實。但是我們更應該看到另一種真實：支撐晉商開發荒原、建造輝煌的，是無數勞苦大眾血痂如鐵的肩膀。

三晉古人在三晉大地上，建造過燦爛的古老文明。

歷代晉人走出三晉，跨越地理與心理的雙重阻隔，壯麗偉烈，如鳳凰涅槃。

晉人帶著古老大地賦予他們的早發文明，足跡所到之處，又建造了難能可貴的輝煌。

蚩尤塚、磨笄嶺
和豫讓橋懷古

從古代留傳至今的豫讓橋，有過倒塌傾圮，歷代多有修繕。實物的豫讓橋，石頭會風化，橋梁會倒塌，但是在永恆的民間傳說中，「豫讓橋」這個名字，這個詞語，所負載的歷史文化記憶，將永生不死。

蚩尤塚

1

陶淵明在〈讀山海經〉一詩中寫道：

精衛銜微木，將以填滄海。

刑天舞干鏚，猛志固常在。

神話傳說，炎帝與黃帝兩個部落之間曾有過一場「阪泉之戰」。經過阪泉之戰的較量，炎、黃兩個部落最終實現了融合。由於史料闕如，歷史的真實究竟是怎樣的，不可得而知也。但是上古神話傳說，往往折射出的正是史實的本真。華夏族群最早碰撞融合的傳說，造就了「炎黃子孫」這個萬世不易的概念。

傳說講，刑天乃炎帝近臣。炎帝敗於黃帝之後，刑天一直不肯服輸，最終被黃帝砍去了頭顱。失去頭顱的刑天，以胸乳作眼、肚臍為口，雙手揮舞干鏚，即盾牌和斧頭，繼續戰鬥不止。於是，刑天成為上古神話中最具反抗精神的形象。

詩人陶淵明的瑰麗詩句，歌讚了這一位猛志常在、永不屈服的上古英烈，使得這個形象贏得了詩化的永生。

而在神話傳說中與刑天處於同時代的蚩尤，便沒有這樣的幸運。

蚩尤，傳說是上古九黎部落的首領。在著名的「阪泉之戰」後不久，即有一個同樣著名的「涿鹿之戰」。這場大戰，是炎黃兩大部落達成聯盟力量壯大之後，與蚩尤部落之間的一場更大規模的戰爭。

戰爭的結果，是炎黃集團獲勝，蚩尤集團戰敗，蚩尤戰死。蚩尤，作為一個失敗者，最終淡出了「逐鹿中原」的宏偉史劇，消隱於歷史記憶的深處。

關於涿鹿之戰的具體戰場到底在何處，自古以來眾說紛紜。擇其大者，主要有東西兩說。

所謂東說，主張在今河北省的涿鹿縣境。該縣名曰「涿鹿」，至少在字面上給人的感覺「名正言順」。

西說，主張在今山西南部運城市的解州鎮。解州，即解縣，古稱「解良」。據《解縣志》記載，古解良亦稱「涿鹿」。又有書記載：「軒轅氏誅蚩尤於涿鹿之野，血入池化鹵，使萬世之人食焉。今池南有蚩尤城，相傳是其葬處。」宋代沈括《夢溪筆談》記載：「解州鹽澤方百二十里。久雨，四山之水悉注其中，未嘗溢；大旱未嘗涸。鹵色正赤，在版泉之下，俚俗謂之『蚩尤血』。」

近代著名學人錢穆先生亦有見解，認為爭奪盛產食鹽的鹽池這個人類不可或缺的寶貴天然資源，應該是上古部落集團之間發生大規模衝突的根本原因。

那麼，「涿鹿之戰」的戰場，是在如今的山西運城靠近鹽池的處所，便更加具有某種程度的說服力。

無論秉持何說，在那場大戰中，炎黃集團取得了勝利而蚩尤集團失敗，是為不存爭議的古史傳說。

值得注意的是，後來追述記錄歷史的史學著作，包括對神話人物的歷史評價，皆在無形中落入了「成王敗寇」的窠臼。失敗者蚩尤，他最大的錯誤，便是失敗本身。勝利者炎黃二帝，在正史中，其形象無疑正面高大，而失敗者蚩尤不僅形似妖孽而且凶殘毒惡，被稱為「非我族類」的蠻夷部落的始祖。取得記述歷史話語權的勝利者，有意無意將一個曾經的對手，置於恥辱的地位。「弱肉強食，適者生存」，查爾斯·達爾文（Charles Darwin）的進化論，在東方聽到了歷史深處的呼應之聲。

勝利者，不僅在曾經的族群衝突中勝利了，而且在所謂正史的記述中，也贏得了勝利。

失敗者，在曾經的族群衝突中失敗了，在別人的正史記述中，他喪失了任何辯駁與發聲的機會。

檢視中國史書，包括歷代文人的詩詞歌賦，歌詠誇許刑天者，間或有之。而莫說歌詠，便是多少客觀一點地敘述蚩尤者，則付諸闕如。

著名詩人元好問，在其詠史的〈岐陽三首〉中曾經提及蚩尤。

百二關河草不橫，十年戎馬暗秦京。
岐陽西望無來信，隴水東流聞哭聲。
野蔓有情縈戰骨，殘陽何意照空城。
從誰細向蒼蒼問，爭遣蚩尤作五兵？

相傳，上古時期，「蚩尤作五兵」，曾被尊為兵神。很顯然，詩人在這裡將這位失敗的古代部族領袖當成了帶來兵燹的負面代表。

史書典籍自古以來的汙名化，成為一種極其強大的存在，進而左右乃至固化了歷代國人的思想。蚩尤作為一個負面典型，幾乎無可更易。

2

但是，令人鼓舞和興奮的是，在中國漫長的歷史上，在廣袤的大地上，在極其深廣浩瀚的民間，有一種寶貴的民間記憶與民間敘述，區別於正史甚至對抗著正史。

關乎那位古老神話中的失敗者蚩尤，也是這樣。

在中國許多地方，除了前文所說的山西運城鹽池一帶，山東、河北、河南等省，關於蚩尤的故事也流傳廣泛。而且，對應伴隨著那些傳說，還有蚩尤塚、蚩尤城等傳說中的古蹟遺存。

河南省壽張縣即今台前縣，據《台前縣志》載：蚩尤，首葬東平郡壽張縣闞鄉城中，肩髀葬山陽郡鉅野重聚，部分屍骸葬台前境內。

而山東鉅野縣，有傳說中的「蚩尤肩髀塚」，包括河北保定市徐水區，也有蚩尤塚。

如前所述，「涿鹿之戰」的戰場，是在如今的山西運城靠近鹽池的處所，這裡，運城鹽池周邊，關於蚩尤的傳說以及實物遺存就更豐富。

萬里黃河在山西南部有幾處著名的古渡口。如龍門渡、大禹渡、茅津渡等，同樣著名的還有一個風陵渡。

風陵者，傳說乃埋葬風后的陵墓。而風后，則是黃帝部下，是戰勝蚩尤的最著名的戰將。蚩尤戰敗，其殘部渡過黃河南逃。風后之所以葬在黃河渡口，就是為震懾曾經的失敗者。

到宋代，中條山發生山洪，泥石流曾經淹沒並覆蓋鹽池，造成了財政極大損失。在民間傳說中，此乃蚩尤陰魂作亂。失敗者蚩尤，是一種頑強的存在。這一次，陰魂不散起而作亂的蚩尤，是被誰打敗了呢？傳說，是民眾祈禱關公顯聖，方才打敗了蚩尤。

武聖關公，解良人也。解州，有全國最大的關帝廟。關公「關老爺」，在山西人，特別是在晉南人的心目中，有著至高無上的地位。唯有請出關老爺，方能制止蚩尤陰魂作亂，這自然彰顯著關公崇高的地位，但是毫無疑問，這也同時折射出作為對手的蚩尤足以與關公抗衡的顯豁地位。

歷史傳說之外，鹽池周邊，則存留著更為突出的實證。

運城鹽池東南，有一個蚩尤村，那裡也有蚩尤塚。蚩尤村，古名蚩尤城。後來，由於蚩尤的「惡名」，有人曾以近似的發音改村名為「池牛」村。地方鄉紳，則曾經美其名曰「服善」村。明朝萬曆年間，更經由官方將村名改為「從善」村。但是在當地老百姓的口頭傳言裡，大家始終將自己的村子稱為「蚩尤」村。

蚩尤村南邊的一處山坡，有大量古陶片遺存，經文物部門發掘考證，稱其可能為蚩尤古部落遺址。如今，此處立有石碑，標記為市級文物保護單位。

民間傳說，農曆六月六為蚩尤忌日，十月十乃蚩尤生日。蚩尤村民俗，在這兩個日子，歷來都要鬧社火、唱大戲，此一風俗歷經千年流傳至今。農曆十月初一，所謂祭祀先人的「寒衣節」，本地村民要蒸一種祭祀蚩尤的食品「牛餃」。這種餃子，牛角形狀，代表蚩尤的形象。蚩尤村鬧社火的鑼鼓團隊，向來有「征東、征西、征南、征北」四套鼓點，鼓點與其他村落不同，屬於當地非物質文化遺產。

而且，在關老爺的故鄉本土，該村竟然不信奉關公，也從未建過關帝廟。農曆四月初一，本地習俗，村民要在各家門前插掛樹葉避瘟。在關公大戰蚩尤的傳說中，關公部下的神兵，頭戴皂角葉，而蚩尤部下的神兵，頭戴槐樹葉。於是，在這個日子，當地所有村莊，村民門前都是插掛皂角樹葉，唯有蚩尤村人們在門前插掛的是槐樹葉。如此對比強烈的不同民俗，曲折地傳遞出蚩尤村村民對蚩尤強烈的認同意識。

據稱，每年蚩尤生日忌日，有苗族等少數民族代表，要來鹽池邊的蚩尤塚祭祀蚩尤。至於苗族等少數民族，尊蚩尤為民族先祖，是另一個極有價值的話題。近年來，在官方與學界，則有將蚩尤與炎黃並稱中華人文三祖的提法。

本文想要強調的是，在漫漫歷史長河中，主流正史將炎黃二帝作為華夏族群的始祖，將蚩尤貶斥為一個反面代表，而在浩瀚博大的民間，卻有著這樣一種值得讚揚的博大胸襟與堂堂正義。

中國上古傳統是滅人國而不絕其祀，所謂「存亡繼絕」。夏、商、周三代更替，都遵循堅守了這條重要的政治規則。特別是到了周代，周朝封國打破了單純的血緣關係。武王遵守上古傳統，冊封周人認定的上迄黃帝、炎帝，下至夏禹、商湯的後裔為諸侯。

質言之，這是一種政治文明，也是上升到文化層面的禮儀文明。聖人化民成俗，這樣的文明化被萬方，成了老百姓堅守的風俗。尤為令人感慨的是：即便是「鬱鬱乎文哉」的周代，也沒有冊封位列「人文三祖」的蚩尤，倒是貌似粗鄙無文的民眾百姓，卻踐行著「存亡繼絕」的傳統，顯現出了更為博大的胸襟與博愛的情懷。

在運城鹽池畔的蚩尤村，老百姓並沒有認定自己是蚩尤的後裔，他們卻甘願服膺蚩尤，祖輩祭祀蚩尤。至少，人們保全與守護了中華文化傳承的豐富性、多樣性，保全了文明。這一條，也反轉證明了整體華夏文明兼收並蓄的寬廣性和包容性。

失敗的蚩尤、不幸的蚩尤，在正史之外，在民間正義這裡，贏得了尊重和紀念，因而贏得了永生。

磨笄嶺

1

在山西代縣縣城東南二十多公里的險峻山崖間，建有一座天台寺，俗稱「趙杲觀」。歷朝歷代的當地老百姓都在這裡祭祀春秋時期的代國夫人與代國的宰相趙杲。

清人張友桐遊覽此山，曾寫有〈磨笄嶺吊代夫人〉古詩一首：

代王不死代不滅，
無恤雄謀暗早決。
伏兵設宴果誘之，
銅枓一聲滿衣血。
夫人大義誓不存，
夫家弟家相併吞。
程嬰才有藏孤橋，
孤一再傳勢益驕。
尋禍不戒屠岸賈，
旋復效人滅人土。
當年一線深宮愁，

雖有莊姬誰趙武？
嗟哉號泣天何呼，
代王之死孤亦無。
不學由余嫁秦女，
忠魂欲表唯捐軀。
君不見，
磨笄嶺頭一片石，
萬古笄痕留深刺，
趙氏女兒肝腸瀝！

這首詩所弔主角是代國夫人，而此詩所依託的背景則是春秋時期趙襄子滅代國的重大歷史事件。

山西代縣，古稱代州。在春秋時代被晉國趙氏趙襄子滅國之前，叫做代國。

關於代國，史料語焉不詳。一說係商朝封國，又說是狄族人所建之國。有史可考，則是在西元前475年，被晉國趙襄子所滅。

關於代國滅亡的史實，《戰國策》與《史記》都有記載：

《戰國策・燕策一》：「昔趙襄子嘗以其姊為代王妻，欲並代，約與代王遇於句注之塞。乃令工人作為金斗，長其尾，令之可以擊人。與代王飲，而陰告廚人曰：『即酒酣樂，進熱啜，反鬥以擊之。』於是酒酣樂，進熱啜，廚人進斟，因反鬥以擊代王，殺之，王腦塗地。其姊聞之，因磨笄以自刺，故至今有磨笄之山。代王之亡，天下莫不聞。」

在三家分晉之前，晉國六卿輪流執政。其中，趙氏擁有的諸多封地中包含所謂「九原」。九原，係指今山西太原市、忻州市、原平縣等處的平原地域。九原周邊山區林地，則是狄族等游牧部族的活動地域。九原北部，與代國接壤。代國，疆域廣大，盛產良馬。史載，趙襄子滅代國，是繼承了其父趙簡子的遺志。平滅代國以開疆拓土，是趙氏久蓄於心的策略圖謀。

《戰國策》以及後來《史記》的記載，記錄下了趙氏滅代陰險毒辣、不擇手段的血腥過程。

華夏族群融合，使得遍布天下的眾多方國漸次消失，國土被漸次兼併整合，成為更大的諸侯國的疆域。到戰國時期，整個華夏地域只剩下所謂的「戰國七雄」。如果說，這曾經是歷史上不可否認的真實發展，那麼，這樣的兼併可以認為是「存在的即是合理」的嗎？

對於在東亞板塊上共生的所謂華夏與夷狄，向有所謂「華夷之辨」。華夏文明，推崇化被萬方、以德服人、遠人來服這樣的理念，這本身是一種具有超越性的文明理念。反之，僅僅為了開疆拓土，不擇手段、恃強凌弱、武力征服乃至血腥侵略，應該受到唾棄批判，釘上歷史的恥辱柱。

非常不幸的是，號稱處在華夏文明之邦的趙氏，恰恰是採用了卑劣手段，無恥血腥地誅殺了代國君主，侵奪霸占了代國的疆土。

「代王之亡，天下莫不聞」，史書近乎平靜地記錄下了曾經的歷史真實，字裡行間則透出無言的批判與冷峻的抨擊。

2

代國，究竟立國多少年？其版圖有多大？最後被奸謀殘忍誅殺的代王叫什麼名字？代地民眾百姓懷念他嗎？有沒有人為他盡忠報仇？史書上沒有任何零星記載。

好在史書記下了這位代王的夫人，也就是那位趙氏女子，趙襄子的姐姐。

《古列女傳》記載：「因以代君之車迎其妻，代君夫人曰：『吾受先君之命事代之王，今十有餘年矣。代無大故，而主君殘之。今代已亡，吾將奚歸？且吾聞之，婦人之義無二夫。吾豈有二夫哉！欲迎我何之？以弟慢夫，非義也。以夫怨弟，非仁也。吾不敢怨，然亦不歸。』遂泣而呼天，自殺於磨笄之地。」

與被陰毒的奸謀凶殘殺害的代王一樣，他的壯烈而死的夫人也沒有留下名字。這位趙氏家族的女兒，奉父命嫁給代王，成了一位異族首領的王后。她不是趙襄子那場滅國奸謀的知情人，更不是血腥殺戮的同謀犯。她是一個工具、一個受害者。在國家、姓氏、家族以及血緣親情之外，她最終選擇了同情與愛情。她選擇了大義、道義與正義。

她選擇了死，陪伴那無辜慘死的丈夫去死，死得無比剛烈。她磨尖了原本是簪綰長髮的笄子，自盡而死。

數千年後，有一個文人，清代末年本地學者，詩人張友桐，寫下了上述那首詩歌。這首詩，有記述，有思考，有嚴厲的質問，有不平的吶喊。

正如〈磨笄嶺弔代夫人〉詩中所寫：

程嬰才有藏孤橋，
孤一再傳勢益驕。
尋禍不戒屠岸賈，
旋復效人滅人土。
當年一線深宮愁，
雖有莊姬誰趙武？

人所共知，晉國六卿執政時代，趙氏幾乎被滅族。幸好有義士「程嬰舍子」、「杵臼捨生」，方才存留下來一個孤兒趙武，趙氏因之得以中興。曾經被奸惡之徒屠岸賈迫害得幾至滅族的趙氏，其後人反倒效法屠岸賈的禽獸行徑，無恥地平滅了代國。趙氏孤兒的母親莊姬，總算還有個孤兒趙武；代國夫人「義無二夫」，她的丈夫與孩子們卻通通被殘忍殺害。

這是怎樣令人椎心泣血的悲劇啊！

在代國故地，即如今的代縣，民眾自那時起，將靠近縣城的一座山命名為「磨笄嶺」。

後來，在深山險阻之地天台山，當地民眾建造了一座趙杲觀。趙杲者，據稱是代國宰相。傳說代國滅亡，夫人自盡後，趙杲率屬下以及夫人的貼身宮女們，躲入此處藏身避禍。或因代國夫人沒有名字，乃以「趙杲」命名了這座寺觀。千百年來，此處香火不絕，人們祭祀紀念著那位剛烈的女子與她的不屈的追隨者。毫無疑問，人們紀念代國夫人的同時，也傳遞出了對殘忍不義的趙襄子的強烈譴責與批判。

山川萬古，代代繁衍的民眾口口相傳，傳說不死。

代國早已滅亡，代國夫人也剛烈死去，但是民間的同情心、悲憫心不死，華夏文明的核心——仁與善不死，民間所堅守的正義不死。

豫讓橋

1

清代詩人陳維崧寫過一首〈南鄉子·邢州道上作〉：

秋色冷并刀，
一派酸風捲怒濤。
並馬三河年少客，
粗豪，
皂櫟林中醉射鵰。
殘酒憶荊高，
燕趙悲歌事未消。
憶昨車聲寒易水，
今朝，
慷慨還過豫讓橋。

這首〈南鄉子〉的作者是清朝康熙年間的文人。清朝入主中原，強迫漢人薙髮、易服改制，種種史實俱在。「留髮不留頭，留頭不留髮」之說廣為流布，折射出鼎革之際的血雨腥風。在那樣的年代，還有嚴酷的文字獄，深文周納、箝制輿論，必欲消滅絲毫異見與反抗意識。其時，竟然有這樣一位詩人，寫出如此豪邁慷慨的作品，即或這只是文學創作的「紙上談兵」，寄寓情感、抒發胸臆，但是至今讀來仍然令人血脈僨張。

這首〈南鄉子〉寫到了刺秦猛士荊軻與善擊筑者高漸離，寫到了燕趙悲歌、瀟瀟易水，結末則寫到了與荊軻同列春秋戰國時期四大刺客的豫讓。

「晉國無公室」，智氏、趙氏等六卿輪流執政，競相壯大家族勢力。西元前476年，趙簡子去世，其庶出之子趙無恤繼任趙氏正卿之位，是為趙襄子。趙無恤即位的第二年，便用奸謀和暴力滅掉了代國。這說明，除了世襲祖傳的封地之外，趙氏在自行武力擴張領土。看來，在各諸侯國之間，諸侯國內部的士卿家族之間相互傾軋、「以力爭勝」，已經成為一時的潮流。

在這樣的潮流之下，智伯聯合韓魏兩家攻伐趙氏，趙襄子退守晉陽，最終是趙氏策反了韓魏兩家，反轉過來誅滅了智氏。時間在西元前455年。

《史記‧刺客列傳》載：「趙襄子最怨智伯，漆其頭以為飲器。」

卿氏之間相互攻伐，殺掉對手奪其領地也就罷了，竟然要將智伯的頭顱做成飲器。這得有多大的怨毒，這又是一種什麼樣的極端變態心理呢？

失敗的智伯，死後受到如此侮辱的智伯，在其身後出來一個家臣豫讓，甘為刺客，定要殺死趙襄子為家主報仇。豫讓的事蹟，太史公巨筆如椽，將之書諸竹帛，寫上了流傳千古的大著《刺客列傳》，烈士豫讓，因之被後人稱為東周時代的四大刺客之一。

事實上，荊軻刺秦是失敗了。一次失敗的行刺，太史公將行刺的起因、策劃、易水壯行、秦廷行刺的全過程，做極其精采的描述。作為一名失敗的刺客，太史公將荊軻塑造成一個悲劇人物，字裡行間對之賦予了極大的同情。千古之下，荊軻的悲劇令無數後人扼腕，憾恨不已。

在此之前，豫讓刺趙也失敗了。相比而言，豫讓更是一個悲劇人物。

豫讓所效忠的主人智伯，已然族滅身死，頭顱被做成了飲器。毫無疑問，對於智伯本人和他的家臣豫讓，這不能不說已經是一個悲劇。身為智伯的家臣，豫讓矢志為主人報仇，可惜他為報仇行動付出了超常的代價，最終竟然也失敗了。這又不能不說是悲劇之後的悲劇。

如同荊軻一樣，太史公對豫讓的失敗、失敗的豫讓，照樣做了精采的記錄與描述。

縱覽豫讓為主人報仇的整個過程，可謂驚心動魄。豫讓「漆身為厲，吞炭為啞，使形狀不可知，行乞於市。其妻不識也」，其所作所為，可謂極其壯烈。

對於付出如此代價也要實施報仇的行為，烈士豫讓有過坦然的表白：

「嗟乎！士為知己者死，女為悅己者容。今智伯知我，我必為報讎而死，以報智伯，則吾魂魄不愧矣。」

豫讓曾經以臣子身分服務於范氏與中行氏，兩氏敗亡，豫讓為何不曾為其報仇呢？豫讓直言道：

「范氏、中行氏皆眾人遇我，我故眾人報之。至於智伯，國士遇我，我故國士報之。」

而且，除了為家主智伯報仇這個功利目的，尤為值得稱道的是，豫讓還有意識地堅守與踐行了某種他所理解的超越性的道德價值。他說：

「然所以為此者，將以愧天下後世之為人臣懷二心以事其君者也。」

所謂「春秋無義戰」，諸侯之間相互攻伐、諸侯國內部的卿士家族相互傾軋，這是不爭的歷史事實。包括「禮崩樂壞」，也是當時的真實狀況。但是，華夏民族的核心文明——仁義道德，並沒有徹底崩毀。聖哲孔夫子，在矢志不移地堅守宣揚仁義道德，無數志士仁人在踐行仁義道德。

統治者從自身的立場出發，將儒生俠士宣揚和踐行仁道、主持正義的言行，定罪名曰「儒以文亂法，俠以武犯禁」。這充分說明，孔子所宣揚的、民間俠士們所踐行的，恰恰正是歷代帝王所反對的，必欲徹底摧毀而後快。天才而敏感的史學家司馬遷，預見到了專制集權愈演愈烈的趨勢，以及思想被箝制、民間俠士在組織上被絞殺的國族悲劇，在《游俠列傳》中，寄寓了這種深深的憂慮，格外給予了民間俠士極大理解和同情。

2

關於豫讓為智伯報仇之義烈事蹟，後人而復後人議論多多。明代大儒方孝孺所寫的〈豫讓論〉，入選《古文觀止》，他的觀點具有某種代表性。

就歷史上的古人舊事發表議論，見仁見智，未嘗不可。方先生的文章能夠入選《古文觀止》，自然取決於選家的主觀眼光，同時在客觀上也反映出了士林的某種主流意識。

〈豫讓論〉開篇立論，這樣說道：

「士君子立身事主，既名知己，則當竭盡智謀，忠告善道，銷患於未形，保治於未然，俾身全而主安；生為名臣，死為上鬼，垂光百世，照耀簡策，斯為美也。苟遇知己，不能扶危於未亂之先，而乃捐軀殞命於既敗之後，釣名沽譽，眩世駭俗，由君子觀之，皆所不取也。」

方孝孺先生高屋建瓴，義形於色，以不容置疑的口吻將豫讓定性，將「釣名沽譽，眩世駭俗」的大帽子，斷然扣到了古人豫讓的頭上。

往下，方先生設身處地，模擬古人所處的歷史環境，對豫讓痛加責備。文章說，在智伯驕狂膨脹之際：「讓於此時，曾無一語開悟主心，視伯之危亡，猶越人視秦人之肥瘠也。袖手旁觀，坐待成敗。國士之報，曾若是乎？智伯既死，而乃不勝血氣之悻悻，甘自附於刺客之流。何足道哉？何足道哉！」

方先生以經邦濟世、治國平天下的帝王師自居，其文一副睥睨豫讓的口吻姿態，何其豪邁慷慨。而後來發生在方孝孺先生身上的歷史事件，為人所共知。燕王犯上，以武力從姪子手中襲奪皇位，最終明惠帝失國身死。方孝孺則寧死不屈，被誅十族，其遭遇可謂慘絕人寰。那麼，對於燕王謀反，方孝孺在事前有何值得稱道的防患於未然的預見舉措？在燕王襲奪皇位之後，方孝孺先生為了捍衛他心目中的正統以及君臣大義，毅然選擇殺身成仁，捨生取義，值得稱道。

對此，後人何嘗貶斥過方孝孺先生是「釣名沽譽，眩世駭俗」？對於方先生不懼被誅十族，慷慨赴死，後人又何嘗評價其逞一時「血氣之悻悻」？相比於方先生對豫讓的貶斥睥睨，後人倒是顯得更為寬容。從為文的角度而言，也更加溫柔敦厚。

況且，豫讓知恩圖報，勵志苦行，矢志不移地為家主報仇，其人其事被太史公書諸竹帛，豈不正是「生為名臣，死為上鬼」？其義烈事蹟，豈不早已「垂光百世，照耀簡策」？

或者，豫讓果然不像方孝孺先生一樣，他並非什麼大儒帝王師，他只是一個區區市井狗屠之輩，但是這又當如何？他為智伯報仇，果然是「不勝血氣之悻悻，甘自附於刺客之流」，又當如何？

在這裡，不妨說，方孝孺先生已經不自覺地站在了帝王統治的立場，對於「刺客之流」深為不屑。也正是在這裡，方孝孺等所謂大儒，其境界與太史公相差已然不可以道里計。

在歷史上，智伯是族滅身死了，趙襄子是勝利了。但不是在別處，恰恰是在趙國故地，當豫讓行刺失敗，伏劍自殺之後，「死之日，趙國志士聞之，皆為涕泣」；而且，正是在趙國的領地上，許多地方都有豫讓橋。

豫讓橋，猶如蚩尤城、磨笄嶺，民間百姓以這樣的方式銘刻這個不死之名，永遠紀念著這位鐵血義士。

關於豫讓橋，一說，故址在邢臺翟村西南角。上述清人陳維崧所寫〈南鄉子〉，註明是在「邢州道上作」，古順德府邢州，正是今天的邢臺。而邢臺，當年無疑屬於趙國領地。

又一說，豫讓橋在山西太原西南郊晉源區的赤橋村。

三家分晉之後，趙國在西元前 386 年，國主趙敬侯方才遷都到邯鄲。那麼，趙國的實際控制範圍拓展到河北邯鄲邢臺一帶，時間要靠後一些。而趙襄子誅滅智氏，在西元前

455年，晉陽不僅是趙氏的根據地，還一度成為趙國都城。豫讓報仇地，在太原的機率要大一些。後人以豫讓血流橋下，因名赤橋，亦稱豫讓橋。橋側立有碑記，建有祠宇，祠內供奉著晉哀公、智伯瑤以及豫讓的坐像。

豫讓橋到底在哪裡？對此過分爭論和辨析，意義不大。應該強調的是：在兩千多年後的今天，在當年趙國領地上的許多地方，仍然保全著這樣具有紀念意義的地名，證明著民間記憶的頑強存在。

在深廣浩瀚的民間，千百萬的百姓草民，所謂黔首匹夫，千百年來不讀書不識字，不知道《春秋》、《左傳》、《史記》、《漢書》，更不會知道《古文觀止》上有一篇方孝孺所寫的〈豫讓論〉。當然，他們也不知道歷代文人對於豫讓其人的種種主流說法評價，但是他們祖祖輩輩口口相傳，守護著民間傳說，守護著他們認為的大道至簡之道義。

從古代留傳至今的豫讓橋，有過倒塌傾圮，歷代多有修繕。實物的豫讓橋，石頭會風化，橋梁會倒塌，但是在永恆的民間傳說中，「豫讓橋」這個名字，這個詞語，所負載的歷史文化記憶，將永生不死。

綿山與介子推

介子推是退隱到綿山了嗎？也許是吧。不然，史書上不會有「介山」、「介推田」的名堂。介子推究竟是不是被燒死的？對此，我們實在不必糾纏不休。

綿山在那裡，風景瑰麗，造化天成。

介休綿山

山西有個古老的縣治介休，介休有座著名的綿山。從任何意義上講，綿山都堪稱是一座歷史文化名山。

史書明確記載，綿山是介子推的封地。

說起晉國，晉文公重耳無疑是首屈一指的關鍵人物。晉文公重耳流亡十九年，備嘗艱辛終於復國之後，忠心耿耿追隨重耳的功臣之一介子推，不受封賞，悄然隱退。文公心中歉然，封贈介子推隱居的綿山為「介推田」。至於「介休」之得名，顧名思義，此處該是介子推退隱之後的休養之所，甚或就是介子推斃命身死之地。一座山與一個人，風光秀美的綿山與人格高標準的介子推，於是建立起某種無此無彼、相得益彰的緊密連繫。

關於綿山與介子推的關係，惜墨如金的史籍如《左傳》、《史記》，記載非常少。但是在千百年來的民間口頭傳說中，內容卻極為豐富，就連京劇，都有《焚綿山》劇目。

民間口頭傳說，向來是一種史學典籍之外的異常強韌的存在。在某些史學家看來，民間口頭傳說不足為訓，對之貶斥乃至無視，不一而足。他們信奉的是所謂的「紙片經學」，按照他們的邏輯，但凡史書上沒有記載的，幾乎都是不可信的。那麼，某些始終沒有文字的民族，難道就沒有歷史了嗎？事實上，自信滿滿的民間，同樣無視或者根本就不知道什麼史學家以及他們的高頭講章。人們一代又一代，祖祖輩輩講述著自古而然的傳說。口碑，贏得了比任何碑刻碑記更為永恆的存在。

比方，對於被史學家愈考證就愈長、愈宣傳就愈偉大的萬里長城，在民間傳說裡，千百年來卻頑強地講述著孟姜女為丈夫萬杞良千里送寒衣、孟姜女哭倒長城八百里的故事。這樣的傳說，記載著暴政帶給人民的無邊苦難，將不可一世的秦始皇牢牢釘上了歷史的恥辱柱，推上了大眾的審判臺。眾所周知，在著名的旅遊勝地山海關，萬里長城的東端起點老龍頭近邊，有一座孟姜女廟。格局並不宏大的廟宇，有文天祥所擬的一副膾炙人口的楹聯：

秦皇安在哉萬里長城築怨，

姜女未亡也千秋片石銘貞。

這副楹聯，完全採信民間傳說，表明了文天祥這位歷史文化名人堅定的民間立場，體現出極其鮮明的愛憎傾向。

和介子推有關的民間傳說，也是這樣。

有關介子推的傳說

在遠離綿山的盂縣，在我童年生活的偏僻山村，在我剛剛懂事的年齡，就聽奶奶講過介子推的故事。浩瀚的民間對這位歷史文化名人的深刻記憶，由此可見一斑。

老人們講：古時有個介子推，不想在朝廷當官，背上他的老母親躲到了深山裡；朝廷官員不肯放過介子推，非要逼他出來做官，於是就派人到山裡去放火。朝廷的官員心想：「你怕燒著，不就跑出來了嗎？」誰料，介子推死也不肯出來，結果，他和他老媽都被燒死了。

這樣一個民間傳說，各地不同的講述者，或有不盡一致的敘述版本，但是基本上大同小異。作為民間口頭文學的一個範本來剖析，其敘述立場和愛憎傾向格外分明。孔夫子「述而不作」、「孔子作春秋，而亂臣賊子懼」，民間傳說在這裡天才地暗合了中國歷史上偉大的史學著述傳統。

記得在傳說中，有的還加上關於「回聲」的來歷。我的家鄉多山，人們在山裡呼喊，當然會有回聲，那麼，回聲到底是怎麼回事？老百姓講述的版本是：朝廷派人去尋找介子推，許多人大聲吼喊「介子推」，介子推不答應，也在山裡接著吼喊一聲「介子推」。他用這樣的辦法，混淆視聽因而逃脫了追索。民間傳說嘛，當然不符合關於回聲的科學道理，但是透著民間故事的意趣，孩子們聽來津津有味。

與民間故事相伴生，有的傳說內容更為雅馴一些。比方讀書人，知道「足下」這個稱謂是敬稱對方的，而「足下」二字，也和介子推的故事有關。介子推不肯出山居官，和老母親在熊熊山火中竟然抱樹而死；下令追索介子推的晉文公，心懷歉意，於是用那株燒焦的樹木做了一雙木屐，自此他一穿木屐就想起功臣故人介子推，口中「足下、足下」，浩嘆連連。

聽著這樣的故事，我從小就對介子推的命運感到某種深刻的憾恨與不平。一個孝子、一個仁者、一個有功之臣，怎麼最後竟然就被燒死了呢？那個晉文公到底是怎麼回事？下令放火燒山，那不分明就是要殺人嗎？燒死了人，然後踩著一副趿拉板，整天唸叨「足下」，就可以安穩地睡覺了嗎？或者，晉文公只是無心之失，但是過失殺人就不是殺人嗎？或者我們可以得出這樣一個結論：介子推是一個悲劇人物，而悲劇的感染力是無與倫比的。童年的追問，反映的是我們的赤子之心。

寒食節與清明節

再後來，長了幾歲，知道了寒食節的來歷。寒食節，在春天，在屬於廿四節氣的清明節的前一兩日。清明時節，春日和煦，萬物復甦，正是踏青遊春的好時光，原本和上墳祭祀無關。而祭祀祖先和英烈，悲戚肅穆，確實應該在寒食節。民間傳說，與「足下」的來歷一樣，寒食節也是晉文公在晉國釋出政令推行開來的一個節日，專為紀念介子推。政令規定，在介子推被燒死的那一天，嚴禁國人舉火。不許舉火造飯，甚至不得生火取暖，大家只能冷巴巴地吃點預先準備的食物，是為「寒食」。

清明之際，春寒料峭，嚴禁舉火取暖，不許起火煮飯，可以想見，官家政令的推行，如果違背民心民意，將會寸步難行。僅僅是迫於權勢，不得不然，那也必定是陽奉陰違、搪塞糊弄。而千百年來，廣大老百姓卻嚴格遵從寒食祭祀的傳統，並且曾經做到過在這一天不舉火，正反映出這個政令符合民心民意，證明老百姓打心底願意祭祀他們心目中的賢者仁人介子推。

所謂「化民成俗」，曾經的國家政令在歷史長河的演變中，已經化成了民俗。當然，寒食節不舉火的外在形式已經消亡，預先準備乾糧吃食的習慣，則流傳了下來。在山西，尤其是在晉中，寒食節製作麵食、麵點，成為一項極為普及的烹飪文化遺存。

與之同時，千百年風俗流變，寒食節祭祀，早已不再是單單祭祀介子推。在民間鄉野家家戶戶，寒食節變成了上墳掃墓祭祀祖先的一個最重要的節日。由於寒食節與清明節氣緊緊挨靠，最終大家將兩個節日混同起來了。

清明節紀念介子推，端午節紀念屈原，兩者成為東亞漢字文化中的最負盛名的民俗節日。而廣大民眾身處其中，多是知其然而不知其所以然。大家只知道，清明節要祭祖，端午要包粽子，南方好多地方在端午還要進行划龍舟的活動，僅此而已。有歷史學家和民俗文化學者指出，寒食節禁火製作麵點與端午節吃粽子，其歷史淵源說來更加古久。

華夏文明之初，先民學會了用火，對火的崇拜幾乎等同於對天地山川的崇拜。氏族首領掌控著鑽木取火的權力，寶貴的火種要自上而下層層傳播，才能抵達千家萬戶。而且，出於對火的崇拜，一年四季皆要「更火」。所謂更火，就是要熄滅使用了一個季度的火種，重新鑽木取火，而且鑽木在四季要採用四種不同的木材樹種。寒食、端午，原本是春季、夏季更火的日子。介子推在綿山被燒死，或許正是在寒食節前後，老百姓便將寒食禁火的古老傳統附麗在介子推的故事上了。人們在端午節包粽子，說是紀念屈原投江，大家將粽子投入江水餵食魚蝦，以免咬噬屈原遺體，這其實也是一種古老傳統的移植和附麗。

山西晉南的若干縣份，當地研究晉國史的專家一再強調指證：重耳復國之初，當時的晉國疆域尚未涵括整個晉中，史籍上所言的綿山，其實應該在曲沃、翼城一帶。其言之鑿鑿的論證，頗能自圓其說。專家們的研究、考據與推理，或許更加嚴謹，更經得起推敲吧。但是對於晉中的介休，對於介休的綿山，對於介子推被燒死在介休綿山的民間傳說，又能怎麼樣呢？

祖祖輩輩生生不已的老百姓，依然是知其然不知其所以然。百姓的堅守與踐行，是任何理論都無可奈何的一個極其強大的存在。

他們的堅守與踐行，近乎冥頑不靈，近乎宗教信仰，那樣強韌、那樣執著。比如，我們將傳統悠遠的農曆年改稱春節。老百姓過年，反正就是要過傳統的農曆年。大家絕不會去爭論它改叫「元旦」還是「春節」，而是兀自堅守著自己的認定。

這是一種超越性的堅守，堅守著文明。這種踐行本身就是活生生的文明。

綿山之遊

筆者知道介休有座著名的綿山，聽說綿山景色瑰麗，祀奉介子推的古蹟遺存豐富，是在 1980 年代。久有拜識之想，心嚮往之。直到 1999 年，我才有幸第一次拜山。

後來，以保護文物古建的名義，以開發旅遊的名義，「重修廟宇，再塑金身」的民間行為悄然興起。介休有位企業家，腰纏不止萬貫，發願修復綿山古建，打造文化名山旅遊勝地。我們赴會時節，整個綿山景區正在大興土木。老闆發給民工們的薪資待遇格外豐厚，恢復古建的行為又符合民心民意，本地參與修廟的民工意氣風發，個個臉上漾著發自內心的笑意。

無疑，引人入勝的首先是綿山的自然風光。綿山為太岳山的一條支脈，地處山西省沁源、介休、靈石三縣交界處，方圓數百里。處在介休境內的綿山主景區，尤為令人嘆為觀止。如巨斧劈開山嶺，一條山澗筆直縱貫，斷崖千尺，山澗兩側，鐵壁聳峙，崖岸高低錯落，有蒼松古柏點染。石壁山色變幻，儼然是橫展數十里的天然畫廊。向陽一側，依石壁半腰的天然橫斷嶄崖迤邐，沿途景觀不斷，愈來愈奇。聖乳泉的天生石乳，甘泉四季不絕，滴瀝如乳汁；抱腹岩穹隆凹進，攏抱殿廡兩百餘間。介子推攜母退隱藏身於此的寓意盡在不言。身處這樣的大自然奇景之中，誰還會懷疑這裡是介子推當年的藏身之處呢？天無私覆，地無私載，山水有靈，正該庇佑賢哲仁人。

當晚，與會者夜宿抱腹岩下新建的飯店。天幕被高處的山岩穹隆掩去一半，月出東山、清風徐來，澗底水聲潺湲。李太白〈把酒問月〉的詩句從心底湧出：

今人不見古時月，今月曾經照古人。

古人今人若流水，共看明月皆如此。

過了兩年，我攜同家人再一次遊覽綿山。綿山景區的建造已成規模。適逢假日，遊人如織，盛況空前，令人鼓舞；文化名山，氣象萬千，引人遐思。華夏文明歷經劫難而能數千年綿延不絕，多少次改朝換代血流成河，文明幾近崩毀而能復興，證明著這個文明無比強韌的生命力。曾經被極度損毀的綿山自然人文景觀，不但得以恢復，而且盛況達於空前，實在應該引發出我們更多的關於傳統文明生命力量的思考。

介子推不滅的士子精神

山西雅稱「三晉」，淵源有自。韓趙魏三家分晉的歷史典故，國人耳熟能詳。三家分晉之後，中國歷史從春秋時代進入戰國時代。戰國七雄，瓜分晉國的三家便占據了其中三雄，不難想見當初的晉國曾經何等強盛宏大。

說起晉國，晉文公重耳無疑是首屈一指的關鍵人物。晉國的賢公子重耳去國流亡十九年，備嘗艱辛，終於復國登位。「重耳復國」的故事，藉助史書記載，尤其是評書話本與傳統戲劇的廣泛傳播，耳熟能詳。執掌國權之後，重耳內修仁政、施惠於民，對外高揚尊王攘夷的旗號，短短數年即完成晉國的霸業，其歷史功績彪炳史冊、光耀千古。

所謂「霸業」，彼霸非此霸。齊桓公晉文帝稱霸，並非依仗武力的霸權主義，恰恰是高揚正義的旗幟，帶領諸侯國，堅守與捍衛了當年的公理公義。

而說到重耳的流亡與復國，介子推則是一個無論如何不能忽略的重要人物。

追隨重耳長期流亡，史書上重點記載的功勳卓著者，有狐毛、狐偃、趙衰等人。介子推當然也是追隨者之一，不然，就沒有後來的介子推不受封賞毅然隱退的事情。

至於他的具體功績，野史傳說有「割股奉君」的段子，但是這樣的傳說多半不可信，經不起天理人情的推敲。包括後來的燒死綿山，明末清初的大儒顧炎武先生晚年客居山西曲沃，曾有過嚴謹的史學考證，得出結論：「割股燔山，理之所無，皆不可信。」—— 當然，這也可以看成是處在清朝統治下的隱退士人的一種表白：我也不割股，你也別燔山。我們井水河水各辦其事好了。

於是，我們能夠確鑿認定的只剩下一個事實：曾經追隨重耳流亡的介子推，偏偏是在重耳苦盡甘來、即將復國的時節，毅然選擇了隱退。僅僅 —— 也只能僅僅 —— 依賴這個事實，我們能夠推斷出什麼？

首先，這裡牽扯到對介子推的身分定位，他究竟是一個什麼人？質言之，我個人堅定地認為，介子推是一位士人。他是一個士，「當以天下為己任」的「士」。「士」是中華上古農耕文明到春秋時代產生出來的一個階層，「士文化」是數千年來與帝王的獨裁文化堅決對抗的文化。還是顧炎武歸納的：天下興亡，匹夫有責；國家興亡，肉食者謀之。士子胸懷天下，以維護華夏文明寶貴的道統為己任。介子推就是這樣一位士人，一個草野匹夫。他們攜劍行走天下，路見不平，拔刀相助；擇君而事，鳥能擇木，木豈能擇鳥？一言不合，拂袖而去。當重耳遭受不義欺凌，介子推慨然出手相助；當重耳復國在即，介子推「不言祿，祿亦不及」，於是和他那同樣深明天下大義的母親毅然隱退。遠走高飛，如自由的鷹隼翱翔於蒼穹空溟。

重耳復國在西元前636年。春秋時代，那是中國士文化勃興的時代。介子推是創造與踐行這個文化的先驅。

孔子生卒年在西元前551年至前479年。孔子刪定「六經」，是士文化的集大成者。士君子以仁為己任，《論語》倡導的「士志於道」就是以天下為己任。

屈原投江在西元前278年。兩百年的歷史時光裡，士文化與帝王文化的對抗從來沒有停止過。

與屈原同時代，「魯仲連義不帝秦」，如果秦始皇登基稱帝，魯仲連寧可蹈海而死。相比之下，屈原為楚國而死，只是一個國士而已。魯仲連以天下為己任，承接的正是介子推的精神，他是一位天下之士。

西元前207年，曾經不可一世暴虐天下的秦國滅亡。起而抗擊暴秦的人中，有著名的張良。文弱的韓國公子張良，曾經在博浪沙用大鐵錘發出對秦始皇的捨命一擊。後人有詩曰：魯連不忍秦皇帝，密鑄亡秦一柄錘。張良運籌帷幄助漢高祖亡秦建國之後，退隱山林，承接的也正是介子推、魯仲連的精神。

介子推是退隱到綿山了嗎？也許是吧。不然，史書上不會有「介山」、「介推田」的名堂。介子推究竟是不是被燒死的？對此，我們實在不必糾纏不休。

綿山在那裡，風景瑰麗，造化天成。

後人建造的介子廟、介子墓在那裡，人心在此，民意在此。

綿山萬古，介子千秋！

藏山忠義，流芳千古

看趙氏所為，趙武之仁德遺澤未遠。中華百姓，連同此地獲得新生、步入高等文明的、曾經參與救孤藏孤的當地百姓，一併感念那位趙氏孤兒。

忠臣義士，存孤救孤沒有錯；仇猶人民，呵護趙武沒有錯。

文化名山：藏山

藏山用喬白巖先生韻

傅山

藏山藏在九原東，神路雙松謖謖風。
霧嶂幾層宮霍鮮，霜苔三色綠黃紅。
當年難易人徒說，滿壁丹青畫不空。
忠在晉家山亦敬，南峰一笏面樓中。

義士行

顧炎武

飲此一杯酒，浩然思古人。
自來三晉多義士，程嬰公孫杵臼無其倫。
下宮之難何倉卒，賓客衣冠非舊日。
袴中孤兒未可知，十五年後當何時？
有如不幸先朝露，此恨悠悠誰與訴。
一心立趙事竟成，存亡死生非所顧。

明末清初，兩位大儒，抗清名士顧炎武和他的同道傅山先生，曾經先後到山西的盂縣拜謁藏山。兩位偉大的思想家和抗清義士，儘管沒有相攜同行，但是兩位義士的心中一定奔湧著同樣的激情，生發出了共同的感慨。上面的兩首詩歌，正是兩位先賢在拜謁遊歷藏山之後，有感而發的作品。

透過上述兩首詩作，我們能夠看出，傅山先生的七律，突出強調了一個「忠」字。「忠在晉家」，是啊，藏山的廟宇裡供奉的趙武趙文子，作為晉國的執政士卿，忠誠於晉國，因其執政期間的功績與人格風範，歿後榮封諡號「文子」。傅山先生本詩這樣立意，大有言外之意，有一種夫子自道的強烈意味。作為著名的抗清義士，他對大明，或者說對華夏文明，始終秉持著一顆忠心，而絕不會對異族統治者俯首稱臣。

顧炎武先生的一首古歌行，突出強調的是一個「義」字。為了救助、存留趙氏唯一的血脈孤兒趙武，程嬰捨子、杵臼捨身，兩位義士將生死置之度外，是為捨生取義、大義凜然、義薄雲天。而且，我們能夠感知：顧炎武先生在此，確實是將自己和傅山先生一道比為春秋義士程嬰和杵臼，以光復華夏文明道統為己任。為此目的，將「存亡死生非所顧」。

遙想數百年前，傅山與顧炎武兩位抗清義士，穿越巉巖壁立翠峰插天的峽谷，循著兩千年前春秋義士程嬰護衛趙氏孤兒走過的山徑，來到藏山勝境深處。

藏山，顧名思義，係因隱藏趙氏孤兒得名。一道山溝，峭壁巉巖、曲折迴環，不過三四里。在溝谷盡端，山壁陡立，形成一個斷崖包圍的穹隆，此處建有殿宇數十間。除供奉主神孤兒趙武之外，還有紀念供奉程嬰、杵臼等八位義士的「八義祠」，以及據說是孤兒藏身處的藏孤洞等景觀。

諸多景觀，本地人歸納為「藏山八景」。

「藏山八景」中，在即將步入廟宇主建築群的神路起始處，有古人建廟時種植的著名的「龍鳳雙松」。

我三四歲就跟隨長輩遊歷藏山，記住了這裡的龍鳳雙松。

龍松，樹幹斜臥屈曲，宛若龍身，樹身上有四條枝椏，那便是龍的四條腿了。可惜龍松已經死亡，據長者講，這棵龍松是日本侵華時因遭逢戰火而枯死的。

鳳松，最高處的一根枝椏，迎著東方，像是昂起的鳳頭；另有兩根枝椏，從高處長長地斜伸下來，枝葉披拂，彷彿鳳尾。陽光從松針間隙透過，斑斑點點，更像是鳳凰羽毛發出的輝光。

在這裡，傅山和顧炎武有如諸多之前之後的朝山拜謁者，停下腳步，整頓衣冠，肅穆神情。

前面，蜿蜒展開了一條朝拜名山的神路；千百年來，千百萬人的足跡，磨亮了鋪路的石板。

山風料峭。

雙松蒼蒼。

香火千年的趙武神祠遙遙在望。

趙氏孤兒藏身之地

藏山，位於太行山的西麓。地屬山西盂縣的名勝藏山，乃是中國歷史上著名的傳奇人物——「趙氏孤兒」當年的避禍藏匿之地。

孤兒趙武，在趙氏遭受到滅門之禍的時候，由於其母親莊姬係晉國公主，得以暫時逃脫誅殺，成為趙氏存留下來的唯一血胤。為了避禍、免於被斬草除根，趙武由趙氏門客程嬰帶領，曾經流亡在外，隱姓埋名躲藏一十五載。直到趙氏家族被滅門一案得以昭雪，趙武方才現身，並最終光復趙氏。

孤兒趙武的藏身之地究竟在什麼地方？史書上卻語焉不詳。

經由當今資深學者的嚴密考據論證，趙氏孤兒藏身山西盂縣，應該說已成定評。

假如沒有藏山藏孤，晉國趙氏血胤將不得流傳。中國春秋之後的歷史將是另外一種面貌、另外一種走向。

盂縣藏山，其藏孤存趙的意義，怎樣評價都不過分。

當然，假若不曾藏孤存趙，藏山也不會成為當今全部意義上的名勝藏山。

無藏山，孤兒不得藏其身；無孤兒，藏山無以得其名。

人以山存，山因人名。

無此無彼，由此及彼。

山與人，相得益彰；人與山，相輔相成。

藏山與趙氏孤兒，早已融為一體；藏山，早已成為一座人格化的歷史文化名山。

趙氏孤兒與藏山，曾經血肉相連。傳頌數千載的歷史傳奇因而有如巍巍青山，壁立千仞而萬古不朽。

千百年來，藏山神祠供奉的趙武趙文子，被歷代朝廷和當地老百姓尊奉為神祇，祭祀香火氤氳百代。

以盂縣藏山的藏孤勝境為中心，周邊輻射分布於河北河南等地，據有關方面統計，共有 108 座供奉趙武趙文子的大大小小神廟。

趙氏孤兒的傳奇故事，「程嬰捨子，杵臼捨身」的俠肝義膽，千百年來不僅載於典籍，而且經過評書戲劇的傳播，可謂耳熟能詳。。

水有源，木有本，趙武存而趙氏存。趙氏存而後方有趙簡子、趙襄子；方有韓趙魏三家分晉；方有立國二百多年的戰國七雄之一趙國；方有趙宋王朝。

趙氏尋根問祖於藏山，自古就有。趙宋王朝曾將趙武尊崇為「河東神主」，追封為「藏山大王」。

並且，趙宋王朝不忘感恩，將存孤存趙的幾位恩人義士一再封蔭。

皇家敕封救孤存孤藏孤的義士公孫杵臼為「英略公」、程嬰為「強濟公」、韓厥為「啟佑公」。

從龍鳳雙松那裡步上神路，步步登高，就來到了藏山神祠的主建築「藏山大王神廟」。

牌坊高聳，廟貌莊嚴。

當年，傅山與顧炎武兩位義士仰慕先賢，曾經捧掬滿腔忠義，由此拾級而上。

古柏森森，山門洞敞。

忠義文化的彰顯

藏山神祠如今存有金代石碑。由於年代久遠，風雨磨蝕，碑上的文字已經略有漫漶模糊。

遙想當年，傅山、顧炎武兩位義士瀏覽碑文的時候，碑上的字跡或許還很清晰。

設身處地，當他們摩挲碑刻的時候，胸中該是心潮澎湃。

除了金代碑刻，二位博覽群書的文豪，一定還看過元代劇作家紀君祥創作的傳奇《趙氏孤兒》。

神祠前面，娛神的戲臺雕梁畫棟。

這裡，每逢廟會，藝人們先要焚香沐浴，祭拜藏山神主趙氏孤兒，爾後方可粉墨登場。

「亂彈」聒耳，梆子腔響遏行雲。

《八義圖》是由史上趙氏孤兒的故事為底本編撰的戲曲，娛神兼而娛人，弘揚忠義、貶斥奸佞。前來看戲的老百姓，早已如醉如痴。

當然，看戲的百姓，包括傅山和顧炎武兩位義士，他們沒有想到《趙氏孤兒》傳奇會被當代的戲劇研究家列為中國戲劇史上的十大悲劇之一。

他們同樣沒有想到：傳奇劇本於元代問世四百年後，跨越了明朝，在清朝年間，由在華傳教的法國人馬若瑟 (Joseph de Premare) 譯成法文，並且於西元 1731 年託人帶回法國。劇本隨即被轉譯成英、義、德、俄等文字，各種譯本和改編本相繼出現。

18 世紀法國文豪伏爾泰 (Voltaire)，目光如炬，即刻將其改編為話劇《中國孤兒》(*The Orphan of China*)。此劇自法國遍及歐洲，演出引起巨大轟動，盛況一時空前。

《趙氏孤兒》，成為中華民族最早走出國門的古典戲劇作品。

《趙氏孤兒》，之所以能夠走出國門，除了歷史故事本身的傳奇性和悲劇色彩，這個戲劇所尊奉宣揚的忠義文化、忠肝義膽，也一定引發了當時西方人的深深共鳴。

程嬰捨子、杵臼捨身等話語，普通的老百姓都耳熟能詳，史書、評書，特別是戲劇的傳播教化功能，功莫大焉。也可以說，忠義文化，自古以來在史學、文學和表演藝術等領域，得到了某種程度的共識。

離開眾多的地域文明，華夏文明難以稱其大。換言之，我們應該這樣認為：盂縣一方水土，藏山風景名勝這個歷史文化遺產，乃是整體的中華文明巨幅畫卷上的一粒色斑、一方畫布。這塊畫布富含著中華文明畫卷上的文明 DNA。

從上述意義上講，認知地域文明，正是認知整體中華文明不可或缺的功課；歌詠藏山忠義文化，正是頌揚整體中華文明。

兩千多年前，當趙氏孤兒的歷史真實地在那個特定的春秋時代發生時，著作《春秋》的孔子，尚未誕生。

應該承認，所謂春秋大義，一定是先有諸如程嬰、杵臼等義士的生命踐行，爾後才有聖賢孔孟的書諸竹帛，著述歸納，予以提升。

忠義文化，因而成為中華文明的母體源頭之一。

趙武為什麼藏在盂縣？

在藏山的懷抱裡，可以想見，傅山、顧炎武兩位抗清義士，曾經在此漫步徜徉、思接千載。他們必定衷心仰慕前賢的義烈高風，慨然以春秋時代的義士程嬰和杵臼而自任。他們也必定有過種種聯想假設，曾經為當年的孤兒趙武擔心：義士們身死事小，萬一存孤失敗，趙氏不就從此滅絕了嗎？

如同顧炎武先生歌行中所寫：

袴中孤兒未可知，十五年後當何時？

據《史記》所載，在奸賊屠岸賈奉命誅殺趙氏滿門老幼數百口之際，孤兒趙武的母親莊姬，身懷有孕，逃回王宮，在宮中生下趙氏唯一的男性嬰兒。而奸賊屠岸賈的搜求步步緊逼，甚至連晉國後宮也絕不放過。最終，那位母親只好將孩子藏起來，方才逃過一劫。那瀕於絕望的母親，甚至只能懇告神明保佑，她對襁褓中的孩子說：「趙氏該絕，你就哭吧；趙氏該當存留血胤一脈，你就別哭！」

謝天謝地，在整個令人壓抑恐懼的過程中，那嬰兒竟然沒有啼哭！

歷史的片段，充滿了數不盡的偶然，然而，義士們忠肝義膽、捨生取義、殺身成仁的精神，在華夏文明史上，卻得到了必然的留傳。

與天地比壽，與山河共存。

鐘聲悠揚。

舉頭仰視，但見趙武神祠，殿宇崇樓巍峨。

循跡探訪，在趙武神祠寢宮背後，「藏孤洞」幽暗深邃，有如歷史的深處。

幸運。是啊！孤兒是幸運的。

此刻，放下心來的文豪，或許會偶發聯想 —— 千里太行奇絕僻靜之處很多，程嬰帶領趙武，真就藏匿在盂縣了嗎？

與兩位義士同在明清之際的著名傳奇作家馮夢龍，於明末編輯撰寫了一部《新列國志》。

後來，清乾隆時，蔡元放又修訂過評話本《東周列國志》。這部歷史小說，把有關趙氏孤兒的故事，集中在第五十七回「圍下宮程嬰匿孤」和第五十九回「誅岸賈趙氏復興」兩回書中。在第五十七回裡面，作者這樣敘述道：程嬰攜趙氏孤兒「潛入盂山藏匿。後人因名其山曰藏山，以藏孤得名也」。

嚴格考據歷史，趙氏孤兒避難之時，當時盂縣一帶正是中國古代北方的游牧部族狄族人在此建立仇猶古國的時候。

史書記載，晉文公重耳流亡去國十九年，開初曾經在狄國居留達十二年。重耳與他的追隨者趙衰，還曾經一道娶了屬於狄族別部的兩位女子季隗與叔隗。趙衰與叔隗所生的兒子趙盾，正是孤兒趙武的祖父。史書上極其簡略的記載，透露出這樣的資訊：趙氏的封地之一北原，與古代赤狄白狄等北方游牧部落建立的邦國接壤。趙氏和仇猶國，既然有姻親關係，一定也有著密切的連繫。

筆者認為，晉國王室之所以將北原分封給趙氏，除了一般意義上的賞賜，還有一層意思，那就是依賴趙氏守衛晉國的北部邊境，進則可以擴展領土，退則足以保土安民。

到了戰國年代，趙氏後代中的雄略之主，趙武靈王在戰國七雄之中，率先倡導「胡服騎射」，絕非偶然，絕不是靈機一動心血來潮。趙氏與狄族等游牧部族的積年往來，包括姻親關係，使得他們最早意識到「胡服騎射」這個改革的必要性。

趙氏孤兒趙武，猶如當年的重耳，其避難之地首先選定有著姻親關係的狄國，這是合乎邏輯的。

就此話題，我們還可以從另一個角度來予以論說。屠岸賈身任晉國大司寇，他發難誅滅趙氏，定要斬草除根不留後患，其鷹犬們的搜求，必定是天羅地網。趙氏孤兒暫時藏匿在晉南一帶（比如襄汾、翼城等地），有這樣的可能，但是若要長期隱匿，極不現實。

程嬰帶著趙武，也不大可能像重耳似的「周遊列國」。重耳為晉國公子，身分自高，日後有復國登位之可能，於是成為列國願意投資的一支「潛力股」。而趙氏卻是被滅門了，晉國的國君借屠岸賈之手來剪滅強勢權臣趙氏，這是既成事實。被滅門的趙氏只剩下一個未成年的孤兒，列國是不會隨便接納他而得罪強大的晉國的。

即便有的諸侯草率決策，容留了孤兒趙武，晉國也會沿用當時諸侯國共同尊奉的規則，以武力相威脅，提請「引渡」；如果引渡不成，定會兵戎相見！

所以，筆者認為，只有仇猶國，只有這個與晉國沒有外交關係、與趙氏恰恰有著姻親關係和友誼往來的少數民族邦國，民風純樸、疾惡如仇、同情弱小、哀矜孤苦。

他們伸出救援之手，敞開熾熱胸懷，不計後果，拋棄利害，毅然接納了落難的趙氏孤兒。

仇猶國的都城遺址，盂縣老鄉叫做古城坪，在現今盂縣縣城東隅。藏山，那座形似缽盂的靈山，在城北四十里處。

正是盂山，才有了後來的盂州、盂縣。

並非偶然的趙氏復興

在藏山溝谷盡端，那個形似穹隆缽盂的山坳裡，坐落著藏山神廟的正殿、寢宮。寢宮的背後，隱藏著那個所謂的「藏孤洞」。廟宇主建築，坐北朝南。殿宇所依託的北山，壁立千仞。半山腰稍稍凹進的一帶天然棧道，有如懸空寺一般，也修建了許多殿宇。崖壁上有摩崖石刻，人稱「萬丈碑」。

與北面的山壁相對，廟宇正前方的南部山崖，亦是一道絕壁。絕壁旁有羊腸小徑曲折而上，上到頂部，此處號稱「南天門」。南天門的近處山峰，稱作笏峰；笏峰當頂，有一株古松，筆直參天，叫做笏峰「一支筆」。

讓我們追隨著傅山先生和顧炎武先生的腳步，和他們一起攀登，穿越南天門，登上笏峰。

回顧溝谷盡處，文子祠布局儼然，一派正大。

身邊，太行群峰高插雲空。

極目處，山海滔滔，遠接天際。

傅山、顧炎武的思路，此刻和我們許多後繼者的思路，在高處不謀而合。

晉國趙氏遭到殘酷的政治迫害被滅族，僅有趙氏孤兒一人倖存。程嬰捨子，杵臼捨身，眾多義士為存趙氏一脈，捨生忘死、前仆後繼、臥薪嘗膽、隱忍堅守，十五年後趙氏得以光復。

歷史由許多細節構成，歷史向來有著某種偶然性和「博弈性」。毫無疑問，趙氏孤兒光復趙氏有著許多傳奇性的偶然因素。

那麼，程嬰、杵臼等眾多義士，捨子捨身，藏孤存趙，是因為他們身為門客家臣要報恩於趙氏？還是趙氏一門果然有值得輔佐報效之處？

趙氏光復，僅僅是出於偶然，還是有著合乎天道的歷史的必然？

孤兒趙武的祖父趙盾，在晉國執政多年。在國君荒淫無道的情況下，他對內整肅朝綱、改革弊政；對外會盟諸侯、抵禦秦楚，維護當時的秩序。客觀評判，應該說趙氏為維持晉國的大國地位與天下和平，做出了重大貢獻。

孤兒趙武在趙氏光復後，始任新軍元帥，繼任晉國上卿，政績不遜乃祖。趙武死後，贏得了謚號「趙文子」。

在所謂「春秋無義戰」的混亂局面下，晉國成為當時的北方強國。趙氏有功於晉、趙氏忠於晉國王室，是不爭的歷史事實。

程嬰、杵臼之輩，緣何能夠為趙氏存孤捨子捨身？

「輕生死，重然諾」固然是古代先賢的高尚風範，但是趙氏曾經有大的恩惠於程嬰、杵臼，包括韓厥等人，應該是可想而知的情理中事。

再者，所謂人以群分，物以類聚，趙氏門下能有程嬰、杵臼這樣的鐵血義士，這也應該能夠反映出趙氏的整體精神風範和道德秉持。

或者，我們可以這樣認為：鐵血義士，忠肝義膽，他們不惜以生命來捍衛的，是高於性命、重於生死的天地大義、人間正道。

程嬰、杵臼、韓厥等義士育孤存趙，合乎天道，有其歷史的必然。

義士們育孤存趙之「忠義」，實為天地間至高至大之忠義。

在傳奇《趙氏孤兒》中，包括在史書的記載中，孤兒趙武在盂縣藏山藏身十五載，幾乎是一筆帶過。

可想而知，單單依憑程嬰一人之力，沒有任何援助，要帶領一個孤兒藏身避禍一十五載，是難以想像的。無疑，趙氏孤兒藏匿在仇猶古國，得到了仇猶民眾的保護。當然，趙武與他的祖父趙盾一樣，也受到了游牧騎射文化的薰染。這裡，早已成為趙武的第二故鄉。

趙武後來擔任趙國上卿，代表晉國大力倡導、極力主張會盟弭兵。趙武趙文子，不愧為「文子」，在他執政期間，晉國主盟，達成了眾多諸侯國之間的和平，達成了晉國與周邊少數民族邦國之間的和平。

我們應該如此認為：趙武的立國思想和邦交政策精神，大大得益於趙武少年時代藏身仇猶國的獨特經歷。

藏山忠義，流芳千古

史書記載：趙氏光復後，程嬰自殺而報杵臼於地下。

程嬰說，趙氏滅門之日，自己已存死志，之所以苟活，為存孤爾。如今趙氏孤兒長成，我將一死，報趙氏諸公和公孫杵臼仁兄於地下！

讀書至此，傅山、顧炎武能不熱血湧沸，淚溼青衿！

笏峰高處，後人而復後人，感慨唏噓，不能自已。

趙武將程嬰與杵臼合葬，而有史傳的「二義塚」。

而且，趙武曾經為程嬰守孝三年，對之敬奉不亞於父母。

藏山深處，傳說在程嬰與趙武的藏身避禍之地，後人為程嬰和杵臼建祠。二義塚，漸漸演變為「二義祠」。

再後來，藏山勝境在供奉程嬰和杵臼之外，還一併供奉對救助孤兒趙武有功的韓厥、鉏麑、提彌明、靈輒、草藥醫師、假孤等人的靈牌，是為「八義祠」。

行文至此，令筆者感到頗為遺憾的是，史料記載闕如，孤兒趙武在執政後，彷彿不曾對保護過他的仇猶人民有過什麼報答之舉。

但是我們可以想見，在倡導會盟弭兵的趙文子執政年間，晉國與仇猶國，定是友好相處、禮尚往來的。

除了禮儀文明之外，紡織、製陶、鑄造、農耕等發達文明，漸漸傳入仇猶地區。

趙武辭世後，智氏取代趙氏，成為四卿之首，執政晉國，其人背離會盟弭兵的國策，對外連連興兵。

史書《左傳》，記載了「智伯滅仇猶」的歷史事實。他聲稱要向仇猶國餽贈一口巨鐘，但是苦於道路險阻，要求仇猶國自己開闢道路。這當然是智伯的詭計，無疑是一個不仁不義的權謀。仇猶國君甘願自己勞民傷財，開闢道路，迎接晉國鑄造的巨鐘；晉國的戰車甲士，尾隨巨鐘一擁而入，滅掉仇猶。對此，後人而復後人，眾口一詞，對那位亡國之君連連口誅筆伐。

筆者就此曾經寫過一篇文章，可以說是有史以來第一個提出了不同的觀點與看法。那位仇猶國君，哪裡是大家所認為的愚蠢之君？他是一位超越時代的天才君主，他是一位有如後來的北魏孝文帝那樣的開天闢地的聖君！

高瞻遠矚，胸襟萬里；敞開胸懷，迎接文明！

仇猶國是滅亡了。強大的晉國開疆拓土，仇猶國的滅亡是必然的。但是仇猶國從此步入農耕文明，仇猶人民匯入華夏民族，獲得了新生，贏得了永生。

爾後，趙氏聯合魏氏、韓氏，平滅了不可一世的智氏。仇猶國上下不平之氣漸漸消弭。

三家分晉之後，仇猶國匯入趙國版圖。趙國疆域，拓展到漠北；趙長城，修築於大青山。

仇猶大地，從此成為趙國的內地，成為山西的內地，成為中國的內地。

這時，匯入新的文明的仇猶遺民，恍如夢醒。

對先前的國君，曾經的臣民追思綿綿。他們在古城坪以北，建起了仇猶天子廟。

看趙氏所為，趙武之仁德遺澤未遠。百姓連同此地獲得新生、步入高等文明的、曾經參與救孤藏孤的當地百姓，一併感念那位趙氏孤兒。

忠臣義士，存孤救孤沒有錯；仇猶人民，呵護趙武沒有錯。

在古城坪上崛起的盂州盂縣之北，人們在那個盂形山坳裡，為趙武趙文子興建廟宇，供奉金身。

此山，因而得名藏山。

民心所向。在趙氏孤兒當年藏身的藏山，人們建造起了中國最大的趙文子廟，俗稱「藏山大王廟」，香火不斷。

笏峰頂上，古松一支筆；

文祠背後，絕壁萬丈碑。

山海蒼茫，猶如歷史江河，汩汩滔滔。

山風浩蕩，彷彿古往今來，聲聲頌揚。

藏山忠義，浩氣長存！

崛立千古，忠義藏山！

追懷晉文公

霸者，伯也。晉國，從此成為周天子冊封的「侯伯」，成為代周天子主持天下公義的諸侯國的領頭老大。並且，齊桓公稱霸，僅僅止於齊桓公一人一身，齊桓公死後，是為人亡政息，齊國再也未能稱霸。而晉文公稱霸，將「尊王攘夷」當成了晉國的國策。晉國維持中原和平、主持國際公義，堅持了一百多年。

開創這一切的，是晉文公。

「三晉」的淵源

史料考據，以及考古發掘證實：晉南曲沃、襄汾、翼城、侯馬、絳縣、新絳這一帶地區，乃是西周初年晉國的始封地，是晉國歷代都城所在地，同時也是晉國宗廟社稷所在地。

而晉國之所以成為華夏歷史上春秋時期大名鼎鼎的強國，關鍵在於晉文公。山西被稱為「晉」，自史上三家分晉之後至今，仍有「三晉」之名。所謂「齊桓晉文」，人們耳熟能詳的「春秋五霸」，繼最早的齊桓公稱霸之後，緊接著便是晉文公稱霸。

歷史選擇了晉文公，晉文公因其輝煌業績而光耀史冊。

自周室東遷，王室衰微。諸侯國勢力漸次壯大，相互攻伐、戰事頻仍，所謂「禮崩樂壞」，成為當時歷史的現實。原來的諸侯國齊國、晉國起而稱霸，「尊王攘夷」，奉行天下公義，維護當時的和平，客觀評判，有著歷史的必然和不可否認的正向意義。

其中，晉文公的歷史功績尤為卓著。

晉文公的諡號

眾所周知，晉國的國君重耳死後，其諡號是「晉文公」。晉文公，何以謂之「文」？這個問題，值得一說。

晉文公，恰如周文王、孔文子，諡號中的這個「文」字，大有考究。

《論語·公冶長》篇第十五章，子貢問日：「孔文子何以謂之『文』也？」子日：「敏而好學，不恥下問，是以謂之『文』也。」

這裡說到的「文子」，是衛國大夫孔圉的諡號。諡法，是中國古代極其嚴肅的禮法制度之一。依古時諡法規定，自天子、諸侯，到卿大夫、貴族大臣，死後皆有諡號。卿大夫、大臣的諡號，由朝廷頒賜；天子、諸侯的諡號，則是由卿大夫議定。

《逸周書·諡法解》關於這個「文」字，有具體條目：「經緯天地日文，道德博厚日文，學勤好問日文，慈惠愛民日文，愍民惠禮日文，錫民爵位日文。」

重耳死後卿大夫為其定諡「文公」，這樣的評價非常高，是為備極哀榮。而我們反顧檢視重耳的一生，特別是他在晉國當政期間的所作所為，應該說，在特定的歷史時期，他當得起這個「文」字。後人稱其「晉文公」，是為實至名歸。

重耳在外流亡十九年，艱辛備嘗，最終得以復國。復國之後，對內，「文公修政，施惠百姓」；對外，「尊王攘夷」。在與楚國的城濮之戰中踐行諾言「退避三舍」，其中有仁道、有忠恕，有當仁不讓、有堅守信義，有「仁者無敵」的形而上精神。

《論語．八佾》篇第十四章，子曰：「周監於二代，郁郁乎文哉！吾從周。」

周禮的制定在夏、商禮制的基礎上有所損益，開創了周代禮制文化，形成了完備的禮法制度。而後有孔子「克己復禮」，建立了儒學仁道體系。從周公定禮到孔子建立儒學，「周轍東，王綱墜」，從「禮崩樂壞」到文明的整合重建，其間經歷了五百年。這五百年，絕不會是華夏文明的蠻荒與空白。

從周公制禮到重耳出生，經過三百五十年；從重耳逝世到孔子逝世，經過一百五十年。

孔子的儒學仁道，不會無中生有。在孔子之前，一定還有歷代前人對於禮儀制度的護衛與踐行。

比如，重耳的「文公修政，施惠百姓」與「尊王攘夷，退避三舍」，我們應該看作是儒學仁道建立之前的一種「前實踐」。

孔子作《春秋》，作為中國第一部編年體史書，筆則筆、削則削，「貶天子，退諸侯，討大夫」，忠實地記錄下了二百四十餘年春秋時期的歷史。其中，包括記錄了重耳復國以及「晉文公稱霸」等重大歷史事件。

春秋時期，眾多人物登上了歷史的舞臺。記述重大歷史事件與歷史人物的史書，同時記錄下了許多在後世成為成語的故事。眾多成語的誕生，極大地豐富充實了漢語言文化。

眾多成語中，「退避三舍」是與晉文公重耳有關的一則極具代表性的成語。「退避三舍」當時在城濮之戰中的具體踐行，彰顯信義於天下，這成為重耳被定諡「文公」的重要因素。

「退避三舍」的真正含意

「退避三舍」，是人們耳熟能詳的一則成語。它與晉文公重耳有關，產生在春秋時代，踐行於晉楚城濮之戰。自這條成語誕生，已經過去了兩千六百多年。

隨著時光流逝，後人使用這條成語，逐漸遠離了它的原本「所指」，而只是借用它的「能指」。甚至，在說起城濮之戰這個歷史事件時，由於時空隔絕，大家無法身臨其境，多半也難以設身處地，於是，對「退避三舍」本義的理解也出現了某種望文生義的偏頗。

我們先來解讀「退避三舍」的字面含義。

古時，以行軍三十里為一「舍」。舍，或有止歇宿營之意。三舍，是九十里。在兩軍對壘的戰場上主動退讓九十里，便是退避三舍。

這個成語引申開來，有退讓迴避、避免衝突之意。

就這個成語的引申義而言，已有相對於成語原本意思的某種程度的偏離或狹窄化。退避三舍，固然是一種退讓與迴避，但不是它的全部。如果一方退讓，對方不認為是一種禮讓，認為是怯懦，因之繼續進逼，則又如何？所以，退避三舍，其本義有先退一步的意思，但是並非示弱；有暫時避其鋒芒的意思，卻並非避戰。正確的引申，退避三舍，除了「暫退一步」，應該還有「再做計較」的隱含意思。

之後，就城濮之戰中確實發生過的「退避三舍」，還有人進行了別樣解讀。他們認為是晉軍重耳方假作怯懦示弱以麻痺對手，以便誘敵深入，將楚軍帶進預設的包圍圈。這樣的解讀，是為過度解讀，將後知後覺的書生之見，強加給古人。

如果說，在晉楚城濮之戰中，晉軍僅僅是後退了九十里，這就過分拘泥於字面解讀，失卻了這個行為本身原有的張力與分量。

重耳曾經當面允諾楚莊王，「晉、楚治兵，遇於中原，其辟君三舍」。後來，兩國之間果然發生了戰事，重耳言而有信，在天下人面前，踐行了這個莊重的諾言。

試想，晉楚兩軍於中原相遇，即將開戰，為了踐行宿諾，晉軍平安後退了九十里，如果這樣理解可就太簡單了。兩軍相遇，晉軍禮貌聲稱：我們兩家今天不打仗，三天後再來打；不在這個戰場開打，換一個九十里外的場所再來開打。而楚軍方面慨然應允，連連稱善。於是，晉軍毫無危險，平安後退，有如普通行軍，甚至優哉遊哉彷彿旅遊散步。可惜這樣的假設不能成立，如果這樣，這是兒童遊戲，絕不是你死我活的戰爭。

退避三舍，在城濮之戰中，究竟是什麼樣子的？春秋時代的《左傳》，以及漢代的《史記》，對此均語焉不詳，缺乏清晰的敘述交代。然而，我們依然能夠從史書的字裡行間，「讀」出文字之外的若干資訊。

此前，在楚宋兩國之間發生的戰事中，宋襄公遵循古禮「不擊半渡」，換來的是什麼？結果是宋軍大敗，宋襄公負傷乃至因傷而死。

在城濮之戰中，晉軍謹守信義，連連退讓規避，這樣的行為或許也有雙方就此罷兵的意味。但是晉軍的連連退避，換來的是楚軍的節節進逼。

於是，戰場上的真實情形是晉軍連連後退，楚軍連連追擊，晉軍此舉將自身置於極其不利的態勢。事實上，重耳為了堅守信義，冒了寧可失敗，甚至全軍覆沒的巨大風險。

從這樣的意義上來評價「退避三舍」，庶幾近之。

城濮之戰，其最終的結局是晉軍獲勝了。但是這個勝利，有極大的僥倖。假若，晉軍失敗了呢？那樣的話，歷史必將改寫。

我特別想要強調的是，即或晉軍失敗，重耳堅守信義踐行「退避三舍」的行為，其意義仍然不應抹殺。

重耳堅守信義，有著比在戰場上取得某次戰爭勝利更為超拔的意義。

它是晉文公之所以為「文公」的重大事實依據之一。

重耳在外流亡十九年，即將歸國執政之前，曾經抵達楚國，受到了楚莊王的盛情款待。楚莊王赤裸裸地追問重耳，日後將如何報答，重耳鄭重許下了退避三舍的諾言。這時，即便重耳尚未復國執政，他已經是一個成熟的政治家。退避三舍，一諾豈止千金！而在城濮之戰中，重耳踐行了自己莊嚴的承諾，為仁道和信義樹立了一個永久的光輝榜樣。

齊桓晉文兩代霸主

重耳流亡，最先在狄國待了十二年。後來，被迫離開狄國，又在齊國流亡客居達五年。如果說，重耳留居狄國，主要關注的是晉國的政局變化，那麼當他離開狄國，真正開始了「周遊列國」，特別是抵達齊國後，與春秋五霸之首齊桓公遇合，則使他具備了當時的「國際視野」。

也可以說，齊桓與晉文相遇，屬於劃時代的重大事件。

離開狄國，重耳君臣曾經首先途經衛國，衛文公不予接待。

在同情重耳的立場上，衛文公不近情理，但是從另一個角度來看，衛國與晉國是近鄰，且國力相比起來處於弱勢，不便因流亡中的重耳開罪當時執政的晉君，有此考慮，也可以理解。

抵達齊國，重耳的外祖父齊桓公此時尚在世。齊桓公曾在管仲的輔佐下，九合諸侯、抵禦戎族、遏制楚國北進勢頭、維護周天子的權威、主持天下公義，因而成了春秋五霸之首。

齊桓公在管仲的輔佐下，成就了所謂霸業。其霸業說來主要有兩項功績。

一則，抵抗了山戎對中原諸夏的嚴重侵擾。迫於山戎的襲擾，衛國被迫南遷，中原諸夏形勢危急。在這個關頭，齊國帶頭奮起抗擊山戎，終於遏止了對方的侵略勢頭，保障了中原諸夏的生存空間，保衛了華夏文明。

正如孔子所歸結的：「微管仲，吾其被髮左衽矣！」

一則，遏止了楚國咄咄逼人的北進勢頭。當時的楚國，與中原諸侯國相比，處於相對落後的野蠻狀態。楚國仗恃武力，罔顧當時的天下秩序，侵凌中原相對弱小的邦國，威迫周朝天子，鄭國不得不對之屈服，而堅持抵抗的宋國的處境則岌岌可危。

正是強大的齊國，遏止了楚國的野蠻進逼，維護了當時的天下秩序。楚國，也正是在這樣的抵抗與遏止之下，開始逐步吸納接受中原文明，擺脫野蠻狀態。

重耳投奔齊國，齊桓公盛情接待。不僅允其居留，而且配之以公族女子。也不妨說，齊桓公縱覽天下形勢，看出晉國當政者的平庸無能。他之所以如此厚待重耳，既有情分仁義，也不可否認有著政治上的遠見卓識。

那麼，胸懷大志的重耳，得見齊桓公如此人物，受到感染影響，存心效法，也應該在情理之中。

而英雄蓋世的齊桓公，在管仲之後，朝中無人，寵信奸佞，最終竟然落得困死宮中的悽慘下場！

《史記》載：「重耳至齊二歲而桓公卒，會豎刁等（指豎刁、開方、易牙三個奸佞）為內亂。齊孝公之立，諸侯兵數至。留齊凡五歲。」

桓公死後，齊國諸公子爭奪王位，齊國陷於內亂。重耳不得已離開齊國，繼續他的流亡復國之旅。而一代霸主齊桓公竟然不得善終，到底是哪裡出了問題？這勢必也會引發重耳的深刻思考。

「宋襄之仁」的故事

自達爾文的進化論風行世界，和諧共生的生物界，被強加上了一個所謂「優勝劣汰」法則。後人有意無意將此法則引入人類社會，或有其正面意義，不可一概否認。但是由之帶來的負面方面的危害，也絕不可忽視。

至少，優勝劣汰法則在某種程度上助長了人們評價歷史事件與人物「成王敗寇」的傾向。

關於歷史古久的中國，近年來，有形諸文字的一個說法：世界變壞，是從嘲笑項羽開始的。因著項羽的失敗，人們記住了「成王敗寇」，認為只要成功就可以像劉邦一樣「不擇手段」。

沿著此思路追溯，與其舉例項羽，莫如這樣說：「世界變壞，是從嘲笑宋襄公開始的。」

說到宋襄公，說到他與楚國的泓水之戰，史上可謂聚訟紛紛。

就在泓水之戰的現場，宋國大司馬當場指出「彼眾我寡」的強弱態勢，當楚軍正在渡河的時候，勸宋襄公對楚軍擊其半渡，但是襄公不肯。楚軍渡河後，尚未列陣，大司馬又勸宋襄公馬上藉機進擊，而宋襄公依然不肯，堅持「不鼓不成列」。最終的戰事結局，人所共知，是宋軍大敗，宋襄公本人亦受了重傷，因傷於次年亡故。

對於宋國戰敗，尤其是宋襄公的做法，時人與後來者自可予以種種評說，見仁見智、各抒己見。

宋襄公本人，對自己堅持的做法，可謂絕無任何悔意：「寡人雖亡國之餘，不鼓不成列。」

《春秋·公羊傳》這樣評價宋襄公：

臨大事而不忘大禮。

《吳越春秋》則借伯嚭之言稱宋襄之德：

宋襄濟河而戰，春秋以多其義：功立而名稱，軍敗而德存。

對於宋襄公寧可在軍事上失利，也要恪守中原文明傳統的戰爭道德，當時的史家給予了全然正面的評價。

到了戰國時代，法家人物韓非子，推崇「當今爭於力氣」，最早開始批判宋襄公。從此，後人對宋襄公的評價，就幾乎一概趨於負面了。

過了一千六百多年，歷史發展到宋朝，一代文豪蘇軾與其弟蘇轍，「三蘇」中「兩蘇」競相撰文，對宋襄公痛加貶抑。

蘇軾這樣說：「宋襄公……非有仁者之素，而欲一旦竊取其名以欺後世，苟《春秋》不為正之，則世之為仁者，相率而為偽也。」

蘇轍這樣講：「至宋襄公，國小德薄，而求諸侯，淩虐邾、鄫之君，爭鄭以怒楚，兵敗身死之不暇，雖竊伯者之名，而實非也。」

我們可以這樣來設問：在那場戰爭中，宋襄公堅持不擊半渡、不鼓不成列，如果他最後竟取得了勝利呢？他那樣堅持，就是可以的嗎？他就不是欺世盜名嗎？

宋楚交鋒，宋襄公不幸失敗了。那麼，一個失敗者曾經堅持的道義，就絕對沒有任何價值了嗎？

政治家唯一的錯誤就是失敗 —— 這樣的說法得以流行，無非還是「優勝劣汰」的叢林法則，無非還是「成王敗寇」的思考邏輯。

蘇家兄弟論及宋襄公，一個說是「竊名欺世」，一個說是「德薄竊名」，對於一位古人，對於「知不可而為之」的宋襄公，對於一位堅持道義而不幸失敗的人，沒有絲毫同情的理解、理解的同情。大言欺人，一至於斯。

宋襄公不幸失敗了，按照蘇家兄弟的邏輯，他在一場失敗了的戰爭中堅守道德道義，便是欺世盜名；那麼假如宋襄公僥倖獲得了勝利，他即便是不擇手段，也是可以的嗎？

放下這些閒話，且說重耳離開陷於內亂的齊國，抵達宋國，正是宋國剛剛在泓水之戰中敗給楚國的時候。

重耳「過宋。宋襄公新困兵於楚，傷於泓，聞重耳賢，乃以國禮禮於重耳」。

那麼，未來的霸主晉文公，與希圖稱霸而不得的宋襄公會面，具體情形是怎樣的呢？

宋襄公「不擊半渡」、「不鼓不成列」，這本身就是在堅守文明道義，寧可擔負軍事失敗的慘烈損失，也絕不在文明立場上後退半步。

宋襄公的所作所為與所言，一定會引發重耳的種種思考。

在宋襄公之後，宋國明知不敵強楚，仍然堅持對楚國進行了多年的殊死抵抗。晉文公歸國之後數年，晉國與楚國發生了史上著名的城濮之戰。而且，在晉文公去世之後，晉國依然多次出兵，抗楚救宋。

試問，這是宋國在繼續欺世盜名，還是晉國要竭力支持一個欺世盜名的國度？抑或是宋國、晉國，兩個國家沆瀣一氣來共同欺世盜名？若「二蘇」尚在，真不知他們將如何回答這些提問。

說起春秋時代，後人有一句流傳極廣的話，一言以蔽之曰「春秋無義戰」。事實果真是這樣的嗎？

宋國作為中原諸夏的傳統諸侯國，始終死命抗楚，晉國則肩負起大國責任，多次救宋抗楚，拒絕楚國「以力爭勝」的強盜邏輯，兩國竭力捍衛華夏文明的核心價值，難道能說是不義之戰嗎？

重耳，並沒有嘲笑失敗的宋襄公，倒是對宋襄公的所作所為充滿了敬意。我們可以認為，宋國與晉國，宋襄公與晉文公，在堅守道義與維護文明方面，取得了高度一致。

齊桓公稱霸成功，宋襄公稱霸失敗，晉文公稱霸成功，這是在春秋時代陸續發生過的歷史事實。這裡所說的「霸」，此霸非彼霸，並非字面意義上的霸道、霸凌，以力爭勝；「霸者，伯也」，因其所作所為，被周天子敕命冊封為「侯伯」，成為各諸侯國的領頭大哥。從而，這樣的「稱霸」，首先爭得了道義上的制高點，不僅獲得了天下共主周天子的認可，而且贏得了眾多諸侯國的由衷擁戴。

「退避三舍」的誕生

晉獻公死後，繼任者重耳的弟弟夷吾（晉惠公）、夷吾的兒子圉（晉懷公），皆治國無方、無所作為。而賢公子重耳流亡在外十多年，復國志向不改，惠公、懷公為之寢食難安。重耳的存在以及他立志復國，成為當時天下共知的事實。大家甚或認為重耳復國，只是時間問題。

在這樣的情況下，重耳一行抵達楚國。

重耳一行離開宋國，下一站到的便是楚國。關於這個情況，值得一說。

此時此際，重耳志在復國，所以周遊各諸侯國，無疑是要爭取支持。宋國與楚國作戰新敗，首先，宋襄公非常實在，承認小國新敗，不足以支持重耳復國。其次，楚國分明是宋國的敵國，宋襄公恰恰建議重耳去往楚國尋求支持。

此時的重耳，應該說已經大致預料到自己終將復國當政，縱觀天下大勢，他甚至預料到日後晉楚之間必有爭戰，但是他卻毅然直奔楚國。他究竟是要贏取楚國支持，還是要探看楚國虛實、了解楚國君臣呢？

重耳分明是經由敵國宋國而來，而且在宋國受到了高規格的禮遇，楚成王卻不僅未曾將重耳一行拒之門外，而且按姬姓嫡親諸侯的禮儀給予了更高規格的待遇。

應該如實評價，春秋時代，豪傑並出，晉文公、楚成王，包括宋襄公，其眼界、胸襟、格局、氣度，足可令人高山仰止。

此時的楚國，當政者為楚成王。楚成王於西元前 672 至西元 626 年在位，執政達四十六年。在楚國興起的過程中，應該說他是個頗有作為的君主。面對強大的齊國與春秋首霸齊桓公，儘管北進的步伐受阻，但是對中原華夏諸國仍然形成了強大的威脅。

西元前 638 年，楚宋之間發生了泓水之戰，楚國大敗宋國。次年，流亡中的重耳特地選中了這樣的楚國，來與這樣一位楚王相會。他倆誰也不會想到僅僅再過四年，晉楚之間真的就爆發了一場深度介入中國歷史發展、載入史冊的城濮之戰。

此時，楚成王掌國已三十五年，該是一位成熟的政治家；重耳流亡已有十八年，年屆六旬。關於重耳與楚成王此次歷史性的會面，《左傳》與後來的《史記》皆有載。

《左傳》云：「及楚，楚子饗之。」

在這裡，稱楚君為「子」，乃是所謂春秋筆法。因為楚君妄自稱王，並未得周天子承認。

《史記》則曰：「重耳去之楚，楚成王以適諸侯禮待之。」

這裡，太史公已然稱其為「王」，至於兩書記載的內容，則大同小異。

史載，楚成王按照對待諸侯國君的禮儀厚待重耳，往下乃有直接開口詢問重耳日後如何報答自己的事情發生。

《左傳》載：「公子若反晉國，則何以報不穀？」

《史記》載：「子即反國，何以報寡人？」

一個人，一位國君，接待乃至破格厚待了一位流亡者，希冀對方日後有所報答，自是人之常情。但是楚成王毫不掩飾，直接當眾問出口來，足以令人驚詫。

史書在白描中，在平靜的敘述中，透出了楚人之率真或粗鄙。

重耳流亡在外，做客楚國，得到楚王厚待，豈無感激之情？但是這點感激，存之於心可也，何必定要信誓旦旦講在當面呢？

重耳只好對曰：「子女玉帛則君有之，羽毛齒革則君地生焉。其波及晉國者，君之餘也，其何以報君？」

曰：「雖然，何以報我？」

楚成王竟然繼續追問，一定要逼重耳當面講出感激的話語。

對曰：「若以君之靈，得反晉國，晉、楚治兵，遇於中原，其辟君三舍。若不獲命，其左執鞭弭、右屬櫜鞬，以與君周旋。」

重耳被逼無奈，只好勉為其難予以作答。我們能夠看出，重耳的回答非常得體。既有外交辭令的客套禮貌，又有對兩國未來關係的準確判斷，還有極其鮮明的立場和十分坦誠的態度。

看楚國近年來的所作所為，其仗恃武力北進擴張的勢頭，不會輕易止歇。晉國作為諸夏的傳統大國，對此絕不會視而不見、放任不管。那麼，重耳料定，晉楚之間或有一戰甚至是必有一戰。儘管楚王高規格善待重耳，重耳坦誠直言不會因此放棄原則，放任楚國霸凌諸夏。對於楚王的善待，重耳能夠報答的，就是在兩國一旦發生衝突和戰事之際，晉國當「退避三舍」。

在晉國已然退避忍讓的情況下，「若不獲命」，楚國竟然不肯放棄武力，繼續霸凌別國，那麼，晉國將不得不「與君周旋」，奉陪到底。

面對楚成王的逼問，當著各諸侯國駐楚國的使節，重耳將自己的觀點講在當面，毫無掩飾、堂堂正正、勇氣可嘉。

至此，成語「退避三舍」，擲地有聲、落地生根，在歷史中，在皇皇史冊上誕生。

在後來的歷史發展中，晉楚之間果然爆發了著名的城濮之戰。在那次戰爭中，重耳在天下人面前，忠實地踐行了對楚成王的承諾。

晉國的復興與大國擔當

重耳最終在秦國秦穆公的全力協助和全權包辦之下，實現了復國登位。

首先，這裡或可引入「地緣政治」這個現代概念。

重耳投奔齊國，齊桓公沒有相助重耳復國。除了管仲去世、桓公年邁等因素，齊國與晉國並不接壤，這應該是一個不可不考慮的因素。

至於宋襄公，他或有此心，但是力不從心。而且，宋國與晉國亦相隔甚遠。

至於協助重耳復國，楚成王是否有此心思？史書上語焉不詳，不可得知也。或曰，從楚國的立場出發，不會扶植一個潛在的對手。楚成王對重耳能夠做到的，也許最多便是給予他相當於諸侯一般的高規格禮遇罷了。

重耳停留在楚國期間，秦國派出使者前來迎接，楚成王乃禮送重耳離去。

秦國此時，正是秦穆公當政。秦穆公是晉獻公的女婿，重耳的姐夫。在晉獻公去世後，秦穆公曾經先後輔佐協助兩任晉國國君歸國登位，是為晉惠公與晉懷公。史書上清楚地記載，秦穆公協助晉惠公與晉懷公登位，卻偏偏沒有得到什麼善報。

此時此際，無論是重耳的名聲，還是晉國國內的呼聲，重耳復國的條件已然成熟。秦穆公審時度勢，再次下定決心協助重耳復國登位。

秦國與晉國，原本有姻親之好。秦穆公的女兒，曾經許配給晉惠公夷吾的兒子晉懷公子圉。當重耳抵達秦國，秦穆公又將這個嫁給過子圉的女兒嫁給了重耳。秦穆公原本是重耳的姐夫，如今搖身一變成了重耳的老丈人。當然，秦穆公此舉的目的，是要讓自己的女兒成為重耳的王后。對此，重耳曾經認為有違禮儀而拒絕接受;但是為了爭取秦國的支持，為了復國大計，最終做出了妥協。

在秦國的全力支持下，在晉國眾多大夫卿士的擁戴下，在外流亡十九年艱辛備嘗的重耳，終得復國。

重耳復國登位僅僅兩年，晉國就得以百廢俱興，呈峨然崛起之勢，之所以能夠如此，史書上歸結為八個字:「文公修政，施惠百姓。」

由於政策合理、措施到位，肯於施惠百姓，假以時日，晉國定可空前強盛。

若要細說，重耳周遊列國，一定在同時看到，並且學到了許多值得借鑑的治國大道。

比如，齊國強盛起來進而稱霸，其經濟基礎是管仲變法「相地而衰徵」。所謂「相地而衰徵」，一是均地分力，一是與之分貨。說來也就是「文公修政，施惠百姓」。

晉國剛剛呈現復興勢頭，而中原態勢瞬息萬變，是為「形勢不等人」。

第一，周朝王室衰微，周襄王的弟弟姬叔帶篡位，襄王不得已流亡鄭國。時在西元前 635 年，重耳歸國方才一年。

第二，楚國繼續仗恃武力北進，糾合脅迫若干諸侯國一起圍攻宋國。宋國情勢岌岌可危，派人向晉國緊急求救。時在西元前 632 年，重耳登位四年。

此時，晉國的經濟剛剛復甦，國內尚有反對派的殘餘勢力蠢蠢欲動。但是整個中原的大態勢，要求晉國必須肩起大國責任，當仁不讓，迎難而上。晉國出面干預天下局勢，必定會有巨大風險。當然，也可以說，重耳與他的晉國迎來了巨大的歷史機遇。

西元前 633 年，晉國首先出兵勤王，誅殺了姬叔帶，迎回了周襄王。晉國此舉，雖屬牛刀小試，但是已突顯出剛剛復興的晉國的胸襟氣度。而且，晉國響亮地喊出了「尊王」的口號，占領了維護華夏核心價值的道德制高點。

西元前 632 年，《左傳》載：

四年，（文公即位四年）楚子及諸侯圍宋，宋公孫固如晉告急。先軫曰：「報施救患，取威定霸，於是乎在矣。」狐偃曰：「楚始得曹而新昏於衛，若伐曹、衛，楚必救之，則齊宋免矣。」

晉國君臣經過充分研討，一致決定出兵抗楚救宋。

對於這次重大的軍事行動，目標定位為「報施定霸」。一是報答重耳在流亡期間得到善待禮遇的那些諸侯國，二是要像齊桓公一樣，得以稱霸諸侯。霸者，伯也，即在擁戴周天子權威的基礎上，成為能夠引領各諸侯國的老大。

至於具體策略，則是先行攻伐曹、衛這兩個楚國的同盟國，攻敵之必救，那麼也就順理成章地解除了敵方對宋國的包圍。

戰事倘若萬一失利，晉國君臣也有了後續預案。

《左傳．僖公二十八年》：「子犯曰：『戰也。戰而捷，必得諸侯。若其不捷，表裡山河，必無害也。』」

於是晉作三軍，趙衰舉郤縠將中軍，郤溱佐之；狐偃將上軍，讓於狐毛而佐之，命趙衰為卿，欒枝將下軍，先軫佐之；荀林父御戎，魏犨為右。往伐。

與兩年前的「尊王」相比，這次行動則是「攘夷」。

晉國組建了三軍，發起兵車七百乘，高揚「尊王攘夷」的旗幟，翻越了險峻崎嶇的太行，橫渡了洶湧寬闊的黃河，毅然挺進中原。

「退避三舍」的實踐

「文公修政，施惠百姓」，這裡所說的「百姓」，並非我們如今慣常理解的「老百姓」。

由於晉國姬姓公族爭奪王位，相互殺戮，特別是晉獻公幾乎殺盡姬姓諸公子，晉國已然基本無公族，這在客觀上造成了卿士大夫家族的崛起和強盛。晉獻公開疆拓土占領的土地，早已不全是公田。眾多異姓家族，紛紛獲得封地。這些眾多的異姓家族，才是得到文公施惠的「百姓」。

而家族之「族」，這個字的本義是拿起武器，聚集在血緣家族的旗幟下。

各個家族各自擁有封地，這些封地共同構成了整個國家的領土。有國而有家，有家而有國，大家處於這樣一個利益的共同體中。

於是，「晉作三軍」，這三軍乃是眾多家族共同組建的三軍。七百輛兵車，是眾多家族各自出動兵車的總和。

這一點，在古代的東西方都是一樣的。上陣打仗衝鋒在前的，從來都是擁有土地的貴族們。至於普通的農夫奴隸，不擁有土地，因而也沒有保衛疆土的義務。他們沒有什麼鎧甲兵器，頂多揮舞著農具之類的器具，在隊伍後面搖旗吶喊罷了。

晉軍今番出兵，策略目標叫做「報施定霸」。

報施，具體說來便是救宋，以報答當年宋襄公的禮遇；而救宋，必然與楚國為敵。

面對中原，晉國在北，表裡山河，進可攻退可守；楚國則在南，後方廣袤縱深，進則開疆擴土，退則遊刃有餘。

齊桓公稱霸，曾經阻遏了楚國的北進勢頭，但是楚國如今捲土重來，愈加剛猛，有不可阻擋之勢；而晉國初興，執掌國權的重耳與他的追隨者、擁戴者們，上下齊心協力，必欲一展宏圖。

楚國挾節節勝利的雷霆之勢，倒要看看晉國這個新對手的底細；晉國首次面對強敵，是為發硎新試。

於是，南北兩個大國，面對中原，形成了一決雄雌之勢。

此時此際，楚國率領若干對其臣服的周邊諸侯小國，同時挾持鄭國，脅迫曹、衛，威壓魯國，組成同盟大軍，形成了對堅守諸夏前沿的宋國的包圍。宋國被圍於垓心，情勢岌岌乎殆哉。

由於流亡期間也曾受到楚國禮遇，晉國出兵中原，並沒有直接與楚國接戰，而是先行攻打楚國的同盟國曹國與衛國，曹、衛不得已回救本國，這便極大地減緩了宋國的壓力，而曹、衛又屬於「敵之必救」，事實上，宋國已然解圍。

同時，晉國又聯合了東方強國齊國以及西部崛起的姻親之國秦國，在更大的局面上，形成了對楚國的鉗形夾擊。

按說，晉軍甫一出手，已經占得上風。

楚國滅宋的策略計畫，基本破敗。

在這時，楚國罷戰，知難而退，是極好的時機。

但是楚國不肯罷戰。

楚成王率領部分楚軍後撤，並不是罷戰之意，而是為防齊軍、秦軍形成的夾擊，以免全軍失利被殲。

楚軍主帥子玉，率領楚軍主力以及部分附屬國的軍隊，繼續北進，勢必要與晉軍決戰。

在這樣的情勢之下，方才有了晉文公踐行諾言，對楚軍「退避三舍」。

人所共知，不戰而屈人之兵，那是最理想的情形。而今，楚軍不肯因時而動、適時收手。如果楚成王決定撤軍，哪有放任主帥子玉一意孤行的可能？晉楚兩強相遇兩軍對戰，已成不可轉捩之勢。

面對咄咄逼人的楚軍，晉軍也絕無避戰退縮的想法。如果是那樣，又談何「報施定霸」？

但是晉軍下定決心一戰，並無決勝的把握。

在惜墨如金的史書上，竟然不惜筆墨記載了晉文公的一個噩夢。

決戰前夜，重耳夢到楚成王與他在曠野相遇，兩個人之間展開了一場肉搏。楚成王將重耳打倒，壓在身下，張開大口，瘋狂吸食重耳的腦髓！

這樣的夢，確實極端恐怖。

不需多少心理學的分析，常人也能得出結論：這是重耳在決戰前夜極大的心理壓力的反射。此戰晉軍一旦敗落，後果難以設想。

這時，他的舅父狐偃子犯，來為重耳解夢。重耳的噩夢恐怖，而狐偃的解夢更高明。

狐偃說：「這是一個好夢，上上大吉！主公面朝青天，得天之助；楚王面朝大地，是為俯伏跪拜的姿勢。此戰我軍必勝啊！」

當然，與其說狐偃的解夢水準高，莫如說他是在為重耳鼓勁打氣，消除他的心理負擔。

往後，這才有了晉軍退避三舍的故事以及載入史冊的城濮之戰。

楚得臣怒，擊晉師，晉師退。軍吏曰：「為何退？」文公曰：「昔在楚，約退三舍，可倍乎！」

按照人們的慣常解讀，雙方接戰，一方退後九十里，有何大驚小怪的呢？退後多少里，反正也不是丟棄國土，在哪裡開打有什麼要緊？

如前所述，晉軍退避三舍，絕不是毫無危險，平安後退，不是普通行軍，不是優哉遊哉彷彿旅遊散步一樣的後退。

真實情形是，兩軍在戰場上相遇，楚軍開始攻打晉軍，正是在這樣兩軍對壘、劍拔弩張的時候，晉軍選擇了連連後退。晉軍此舉，將自身置於極其不利的態勢。而楚軍藉機連連追擊，事實上，重耳為了堅守信義，冒了寧可戰爭失敗，甚至全軍覆沒的巨大風險。

與宋楚兩軍之間的泓水之戰相比，我們可以對晉軍在城濮之戰中的「退避三舍」有更為清晰的認知。宋國軍隊，不擊半渡、不鼓不成列，是在能夠趁機攻打處於不利局面的對手的時候，堅守戰爭道德底線，沒有趁機襲擊楚軍。而晉軍是在對方猛烈進攻自己的險惡關頭，不予迎擊、不來抵抗，恰恰是轉身返走，將自己的後背完全亮給對手，任對方來攻打。而楚軍罔顧戰爭道德，只要能夠爭勝，不惜對連連退避的仁義之師晉軍痛下殺手。

城濮之戰，就是這樣一場仁道與不義的決戰。

晉文公統率的晉軍，不僅贏得了軍事上的勝利，同時恪守了信義、踐行了承諾，言必信、行必果，贏得了道義上的勝利。

楚軍侵略別國，擴張勢力，要按照叢林法則來「以力爭勝」，曾經大勝宋軍，再圍宋都，氣焰囂張，咄咄逼人，卻沒有「一戰而霸」。

晉軍鋤強扶弱，抗擊楚軍，退避三舍，堅守信義，最終達成了「報施定霸」的策略目標。晉文公高揚「尊王攘夷」的旗幟，繼齊桓公之後，終得稱霸諸侯。

霸者，伯也。晉國，從此成為周天子冊封的「侯伯」，成為代周天子主持天下公義的諸侯國的領頭老大。而且，齊桓公稱霸，僅僅止於齊桓公一人一身，齊桓公死後，是為人亡政息，齊國再也未能稱霸。而晉文公稱霸，將「尊王攘夷」當成了晉國的國策。晉國維持和平、主持公義，堅持了一百多年。

開創這一切的，是晉文公。

他絕不僅僅是山西一地的榮光，他是整個華夏族群文明史上的英傑。

晉文公重耳，堪可謂之「文」也！

且說仇猶國

仇猶國君不懼自身被皇皇史書留下任何片面的記載，做出了他認為應該的選擇和必須的選擇，甚或是不得不的選擇。這樣的選擇，對廣大民眾有利，而不是有害。因之，他贏得了民眾祖祖輩輩的紀念和祭祀。

與史書相對，民眾有所謂的口碑流傳。

民間傳說、口碑，是另外一部史書。

最早的民族融合史實

一部中國歷史，無疑也是多部族、多邦國、多民族逐步融合、和諧共存的歷史。大自然畫出的 380 公釐降水線，雖然分隔開來，但是並未割裂農耕文明與游牧狩獵文明的互動與交融。

自古以來，東亞板塊上，北方游牧文明與中原農耕文明的互動融會，成為華夏民族歷史中最宏偉壯麗的篇章。人造的萬里長城，曾經阻攔卻從來沒有阻斷兩大文明之間的往來，更沒有阻遏文明融會的整體趨勢。

華夏文明史上，上述文明互動、族群融會過程中發生的重大歷史代表性事件，可謂「史不絕書」。舉其大者，西元前 307 年，趙武靈王倡導踐行「胡服騎射」；過了八百年，西元 493 年，北魏孝文帝有了遷都計畫。

胡服騎射，是華夏核心文明海納百川兼具開創性和代表性的偉大事件。推進這個變革的趙武靈王，不啻建造了開天闢地之功。梁啟超將趙武靈王比之於俄國的彼得大帝（Peter the Great），盛讚其為「黃帝之後第一人」。

胡服騎射，這個革命性的重大舉措首先開創了中國古代戰爭騎兵史上的新紀元。歷史事實證明，當趙國率先實行改革取得顯著成果後，各國紛紛仿效，「胡服騎射」最終成為整個華夏民族軍事武備的一場近乎脫胎換骨的變革。

而胡服騎射，又絕不僅僅是一場軍事革命。

中華民族服飾文化久遠厚重。從軍人將士，推及王公貴族到全體民眾，竟然通通改穿胡服，這個變革對整體社會、對傳統文化、對國人心理的衝擊，不啻天崩地坼。

當年的趙國，因胡服騎射，臣服林胡、禮服樓煩，踐行了華夏文明「柔服遠人」的理念。相對發達先進的文明，自然而然地外向擴散，拓展了人類先進文明的成長空間。

歷史走過近八百年，北魏孝文帝推進的鮮卑族易服改制，則是北方游牧文明向中原文明的主動融入。如果胡服騎射屬於中原文明向邊緣擴散的「外溢效應」，那麼易服改制則應該屬於指向中原文明的向心「同化效應」。

長江黃河，洶湧澎湃、浩瀚奔騰，沿途匯合了千百條支流而成其大。而在大江大河的源頭，它們最初只是不起眼的涓涓細流的融會。

胡服騎射與孝文帝改制，這樣驚世駭俗、雄宏深廣的偉烈變革，不會無中生有、自天而降。它們應該淵源有自，有其發生發展的自身內在脈絡。同時，也應該有某種此前歷史實踐的依傍與仿效，有若干可能的前例與範本。比如，大禹治水，治理黃河那樣流域寬廣、桀驁不馴的大河，必有前人的嘗試與經驗的累積。史上傳說中的「台駘治水」，主要治理的正是汾河這樣的小流域。先民在治理汾河這樣的小流域的過程中，取得了成功經驗，之後經過大約五百年，方才有了更加規模宏大、愈加偉烈的「大禹治水」。

明文載於諸多典籍，春秋末期發生在晉國北部邊境的一個小事件「智伯滅仇猶」，便是華夏文明演進史上最早發生過的民族融合史實。

仇猶國君被誤解的形象

據專家考證，西元前 7 世紀前後，以狩獵畜牧為業、長於攻戰的狄族日益強盛，不斷侵入中原，並散居於現在山西省的長治、臨汾等地。在西元前 569 年前後，狄族中的一支 —— 白狄，遷到今山西省盂縣城東的古城坪附近定居，建立了仇猶國。因地僻路險，交通不便，加之當時晉國與仇猶國訂有盟約，所以仇猶國曾經存在了一百餘年。這個百里之國，立國百年之後，被晉國當時的執政者智伯所滅。其時，在周貞定王十二年 (西元前 457 年)。

春秋戰國時代，曾經遍布天下不計其數的千百方國，或者被滅國，或者被兼併，漸次消失，在史書上留下國名的屈指可數。一個小小的仇猶國，而且是狄族人建立的百里之國，竟然在惜墨如金的古代史書上得以記載，不能不說是一個例外。出現如此例外，說來事出有因，仇猶國滅亡的史實，在古代史書上成了被引為亡國教訓的一個例證。

例如，《史記正義》引《括地志》云：「并州盂縣外城俗名原仇山，亦名仇猶，夷狄之國也。韓子云『智伯欲伐仇猶國，道險難不通，乃鑄大鐘遺之，載以廣車』。仇猶大悅，除塗內之。赤章曼支諫曰：不可，此小所以事大，而今大以遺小，兵必隨，不可。不聽，遂納之。曼支因斷轂而馳。至十九日而仇猶亡也。」

《呂氏春秋》對此歷史事件的記敘則較為詳盡：「中山之國有夙繇（即仇猶）者，智伯欲攻之而無道也，為鑄大鐘，方車二軌以遺之。夙繇之君將斬岸堙谿以迎鐘。赤章蔓枝諫曰：『《詩》云：唯則定國。我胡則以得是於智伯？夫智伯之為人也貪而無信，必欲攻我而無道也，故為大鐘，方車二軌以遺君。君因斬岸堙谿以迎鐘，師必隨之。』弗聽。有頃，諫之，君曰：『大國為歡，而子逆之，不祥。子釋之。』赤章蔓枝曰：『為人臣不忠貞，罪也；忠貞不用，遠身可也。』斷轂而行，至衛七日而夙繇亡。欲鐘之心勝也。欲鐘之心勝則安夙繇之說塞矣。凡聽說，所勝不可不審也，故太上先勝。」

這裡，不但描述了仇猶古國滅亡的經過，還進一步分析了仇猶滅亡的原因，將其歸之於仇猶國君「欲鐘之心勝也。欲鐘之心勝則安夙繇之說塞矣」。

仇猶亡國後，在西漢太史公司馬遷的《史記》中也出現了「智伯滅仇猶」的文字。不過，它已經作為一則典故來引用。《史記·樗裡子甘茂列傳》載：「秦惠王卒，太子武王立，逐張儀、魏章，而以樗裡子、甘茂為左右丞相。秦使甘茂攻韓，拔宜陽。使樗裡子以車百乘入周。周以卒迎之，意甚敬。楚王怒，讓周，以其重秦客。遊騰為周說楚王曰：『知伯之伐仇猶，遺之廣車，因隨之以兵，仇猶遂亡。何則？無備故也。齊桓公伐蔡，號曰誅楚，其實襲蔡。今秦，虎狼之國，使樗裡子以車百乘入周，周以仇猶、蔡觀焉，故使長戟居前，強弩在後，名曰衛疾，而實囚之。且夫周豈能無憂其社稷哉！恐一旦亡國以憂大王。』楚王乃悅。」

至此可以說明，「仇猶國君因貪心而失國」已經作為一個典型例證而被史書廣泛引用。於是，那位仇猶國君，在史書上成了一個愚蠢顢頇、因貪心而亡國的反面例子。他沒有姓名、不知下落，更不會留下他的任何辯解。在史書典籍上，純然一邊倒的評價連結了這個倒楣的亡國之君。

仇猶國滅亡，真的是悲劇嗎？

歷史學家注重的應該是史實。就某個史實推導引申出任何言之成理的論說，已經是次一等的工作。

曾經真實存在的仇猶國，在歷史上真實地被滅國了。然而，仇猶國的滅亡，果真只能引申出「國君因貪心而失國」這個結論嗎？

比如，貌似強大的秦帝國，忽忽焉二世而亡，這是誰都無法否認的歷史事實。秦帝國短命而亡，究其原因，曾經有過眾多言說，是為眾說紛紜，政治的、經濟的、軍事的等等。自商鞅變法，秦國變成一個虎狼之國。即或奮六世之餘烈，兼併天下，「六王畢，四海一」，卻因為不施仁政，最終二世而亡，這一點應該是大家的共識。如果將秦帝國的短命而亡，簡單歸結於秦始皇或者秦二世個人的性格原因或心智原因，顯然是極其片面的，甚或是可笑的。

仇猶滅國的原因，史書上幾乎眾口一詞，將其簡單歸結為國君個人的品性或心智，這至少是不全面的，甚或是極其武斷的。對於一個沒有名字，也喪失了解釋權的狄族小國的國君，這也是非常不公平的。

就仇猶國的滅亡或消失這個史實進行分析，推導引申出某種結論，應該有不止一個角度。換一個角度，可能會取得更加開闊的視界，可能會有更加全面而深刻的分析，從而推導引申出別樣的史學意義和認知價值。

在秦始皇一統六國之前，中國已經有將近兩千年的文明史。夏商周前三王時代，中國的國土上曾經有方國無數。武王伐紂，不期而遇者，有諸侯八百。這些眾多的方國，後來都到哪裡去了？事實上，都在歷史中逐步消失了，也可以說是滅國了。

眾多方國消失滅國，是否由不可抗的態勢所決定？僅僅是由於這些方國國君個人的素養問題嗎？答案應該是否定的。

滅國，從方國立場而言，或許是歷史的悲劇，是國君的失敗。那麼，是否只有勝利，始終留存，才是歷史的正劇？可惜對於無可更易的歷史真實，這些說法都只是閒話。

戰國七雄，應該說每一個國家都具備一統中華的可能。除了勝出的秦國，其他六國最終都滅國了。對於六國，這或許可以看作是悲劇。然而，它們最終都融入大一統的大中華，這樣的歷史真實，我們又實在不能不將之看成是一齣歷史的正劇。事實上，消失掉的只是方國的國號，只是曾經各自為政的諸侯割據狀態。

甚至，曾經的中原王朝，宋朝曾經徹底亡國，明朝曾經徹底亡國。然而，不可否定的事實是，中華民族尚在、中華文明尚在。

成吉思汗與他的子孫，曾經打遍歐亞，滅國無數。如果將之歸結為當時的蒙古帝國軍事實力極其強大，是可以成立的。但是如果就此得出當時蒙古高原上的游牧文明更加先進的結論，則沒有足夠的說服力。後來的歷史事實是：曾經橫跨歐亞的強大的蒙古帝國崩潰了、消失了。人類更為先進的文明，最終戰勝了野蠻的強權。

近代以來，更加切近的例證，幾乎就擺在我們面前。

統治中華大地的大清王朝被推翻了。幾乎千部一腔、千人一面的說法都是清政府太無能、太腐敗了，沒有能夠抵抗列強的侵略，最終被迫開放國門，不得不五口通商等。

我們可以如此假設：清並非無能，而是應對有方，列強則未能打開中國的國門，中國始終沒有與西方列強實行五口通商，清繼續閉關鎖國，自成一統，那麼，這樣的情況就極好了嗎？

不妨說，中國主動或被動地打開國門，接納西方文明，是無可逆轉的歷史真實，同時也順應了天下大勢，大中華從此納入了全球化的新格局。

腐敗無能的大清帝國最後亡國，中國迎來的恰恰是文明與科學。

中國歷史上諸多方國、邦國的滅國消亡，情形各異。

中國的傳統，有「存亡繼絕」之說。夏朝滅亡，夏的宗族後裔，封建於杞國；而商朝滅亡，商人後裔，封建於宋國。

當然，也有秦始皇式的掃平六國，實行「趕盡殺絕、斬草除根」的政策，對曾經的敵國的執政者進行滅族。而這一點，是秦王朝短命而亡的原因之一。

再拓展開來說，除了元朝統治者之外，即或是暴虐如秦始皇，他掃平六國、車書混一、江山盡入吾彀，但是事實上並不曾將普通民眾斬盡殺絕。

事實上，中國歷史上的方國消失，事後迎來的並不總是必欲殺盡此地國人的反人類惡魔。

華夏族群逐步融會，方國林立、諸侯割據，化作天下一統而至於今天，這個現實果然很悲慘嗎？

那麼，具體說到歷史上曾經發生過的仇猶國的滅國，確實可以有更多的，乃至逆向思考論說的可能。

國君的明智選擇與命運

講到這個話題，我們可以有幾個層面的論說。

首先，以當時之態勢，仇猶國有無抵抗晉國的可能呢？

自晉文公稱霸，晉國成為春秋時期的北方強國。後來，「晉國無公族」，而有所謂「六卿執政」。六卿之中的趙氏，其家族封地早已抵達如今的太原直到忻州、原平一帶，史上稱為「九原之地」。九原所接壤的東部山區，即古仇猶國地界，相當於如今的盂縣一帶。

與強大廣袤的晉國相比，與咄咄逼人的趙氏所擁有的地界相比，仇猶國只是彈丸之地、蕞爾小邦。如果晉國認為有必要誅滅仇猶，可以說是易如反掌。

從仇猶國的角度來說，武力抵抗晉國有多少勝算？抵抗到底，絕不屈服，戰鬥到最後一個人，這些只是口號和精神層面的事情。保衛國家只是國君與上層貴族為保衛君位權力和既得利益的堂皇辭令罷了。基於民族主義抑或是部落主義，寧死不屈地抵抗，如果悲劇發生了，堪稱勇烈無比、可歌可泣，但是其結果只能是血流成河，真正的亡國滅種。

史書上講「智伯欲遺仇猶大鐘」，這中間透露出許多值得言說的資訊。

如果智伯此舉的目的，確實是要占領和滅亡仇猶國，他也並未倚仗武力強大採取硬性的侵略手段，而是採用了一種兵不血刃的進入與占領方式。

站在仇猶國的角度，那個國君樂於接納大鐘，是否就是貪財好貨？卻又不然。那樣的表述，只是一種想當然的猜測。

當時，仇猶國立國百年有餘，本地國人以游牧為主，但是也基本定居，部分人農耕。仇猶國與晉國接壤，並且立有盟約，絕不會是全然閉關鎖國。相對落後的仇猶國，多少會受到先出發達文明的影響。智伯要送給仇猶國的那口大鐘意味著什麼？那是「青銅文明」的具體表現。相對於依然停留在「陶器時代」的游牧部族，它充分體現了晉國文明的發達。

仇猶國國君樂於接納大鐘，正是對文明的一種嚮往與接納。

而仇猶國大臣的建言，自然有對於國族安全的考慮。可是，拒絕接受晉國的大鐘，就能夠保障國族的安全嗎？國君沒有聽取大臣的意見，這一定便是顢頇愚蠢嗎？也許，那是國君經過審時度勢、縝密思考、權衡利弊之後的艱難抉擇。他的這個抉擇，沒有能夠挽救國家，但是實際上假如他採用別的選擇，也並不能挽救他的國家。顯見的歷史真實是：國君的抉擇果然讓他損失了自己的國君地位，卻也避免了生靈塗炭、血流成河。

「智伯滅仇猶」，有如史書後來的記載，它真實地發生了。這個事件，對晉國而言，是對於仇猶國的一種「柔服」；對仇猶國而言，是一種介於被動與主動之間地對先進文明的接納、擁抱與皈依。這，應該是「智伯滅仇猶」這個歷史真實的一體兩面。

從這樣的意義上說，仇猶國君哪裡是什麼顢頇愚蠢、貪財好貨、目光短淺、禍害國族的昏庸君主？他倒應該是一位順應潮流、明瞭大勢、開明通達、境界高邁的了不起的偉大君王。

另一部史書 —— 民間記憶

「智伯滅仇猶」，曾經的仇猶國確實消失了。曾經的仇猶國君，失去了王位，失去了一個國君曾經坐擁的一切。

仇猶國，像歷史上曾經存在過的數不清的方國、部族一樣，永遠地消失了。

但是，這個百里之國的土地山川，從此劃入了晉國的版圖。之後，這裡成為趙國的國土。

仇猶國民，自此從半農半牧的狀態漸漸步入農耕社會。從考古發掘可以證實，僅僅能夠燒製一些陶器的仇猶國，自此進入了青銅時代。

再往後，隨著農耕文明逐步向更高緯度的地區散射蔓延，曾經的戎狄之國，成了相對於「邊關」的「內地」。

曾經存在百年的一個百里之地的，屬於狄族的仇猶國，從此消失，湮滅於無形。關於它的一切，在史書上僅僅留下了那麼幾行文字。那位國君，尤為不幸，他被當成一個有些可笑的例子，定格在史學家們的史筆之中。

然而，歷史不僅僅存於簡冊。

能夠用文字來記述歷史，自然是一種幸運。但是，在歷史上，甚至在當今，有過並且有著許多尚無文字的民族，我們不能傲慢地說他們沒有歷史。

《漢書·藝文志》曰：「遭秦而全者，以其諷誦，不獨在竹帛故也。」

民間的口頭傳說，是人們記憶與傳承歷史的另一個更為古老的方式。

仇猶國消失了，但是它存活在民間傳說中。彷彿粒子湮滅同步引發的湮滅反應，粒子消失了，但是它轉化為能量。民間久遠留存的傳說，便是這樣永不消失的能量。

隋朝開皇十六年（西元 596 年），此地開始設縣，縣名原仇。顧名思義，「原仇」二字，透露出此地即是古仇猶國的資訊。這個名堂僅存十年，到隋大業二年（西元 606 年），改稱盂縣。

在縣城的東邊數里，一處平壩叫做「古城坪」。本地文人故老，都說此處即古時仇猶國的都城舊址。

《左傳·閔公二年》（西元前 660 年）載「晉侯使太子申生伐東山皋落氏」，春秋時期的赤狄東山皋落氏，都城在今山西省晉南垣曲縣的皋落鎮；而在晉中昔陽縣，當地「八景」中有「皋落奇峰」；再向北到今盂縣，當地將上述古城坪稱為「皋落城」。

這樣的事實，曲折地透露出春秋時代的狄族部落在晉國強大的壓力下，逐步向北方遷徙的資訊。

赤狄、白狄，這些游牧部族都消失了。曾經的皋落城、仇猶國都，也早已無存。但是在人們的傳言中，在民間傳說這個魔盒裡，它們獲得了另一種永遠的生存。

在如今的盂縣，在史書所載古仇猶國的故地，除了流傳不絕的古老傳說，還留存有許多相關的文物古建。

盂縣北部梁家寨鄉，有一座「仇猶觀」。

縣城正北的靠山，被稱為「高神山」。山巔建有仇猶天子廟。

明成化版《山西通志．祠廟》載：「仇猶國君廟，盂縣有二。仇猶既亡國，人憐而記之。」

清光緒版《盂縣誌》載：「仇猶鐘，在城東仇猶廟，唐貞觀元年鑄，音殊古。後隨廟遷於高神山麓。」

盂縣人，清光緒進士劉聲駿〈仇山懷古〉詩曰：

仇猶之國最為古，

山乃仇猶眾山主。

廟祀當年開國君，

歷代祈風兼賀雨。

對於土生土長，乃至眾多不識字的當地老百姓，他們不懂什麼歷史，不知道什麼古仇猶國，但是千百年來祖祖輩輩祭祀著那位仇猶國君。

一位兩千多年前的狄族國君，一直受到百姓的祭祀，這中間蘊含著的人文意味非常濃烈。

沒有政令強迫，也並非官府倡導，那是民眾自發的紀念。

民眾會祭祀一個暴君嗎？會紀念一個顢頇愚蠢的國君嗎？人們會僅僅出於同情而虔誠地紀念一位亡國之君嗎？

那位仇猶國君，在歷史的關口，沒有出於一己私利綁架國人，沒有強迫國人去犧牲、去奉獻、去做無謂的抵抗，而是答應了智伯的條件，迎回大鐘，迎來了和平，迎來了文明的交會與民族的融合。

仇猶國君不懼自身被皇皇史書留下任何片面的記載，做出了他認為應該的選擇和必須的選擇，甚或是不得不的選擇。這樣的選擇，對廣大民眾有利，而不是有害。因之，他贏得了民眾祖祖輩輩的紀念和祭祀。

與史書相對，民眾有所謂的口碑流傳。

民間傳說、口碑，是另外一部史書。

在這樣的記錄和傳承裡，仇猶國君從來不曾被誤讀。在這樣的意義上，他，贏得了歷史。

解讀胡服騎射

胡服騎射，是中國歷史上的劃時代變革。這次發生在戰國時代的變革，充分體現了華夏文明的開闊胸襟，勇於並善於吸納異質文明，取精用宏，終能成其博大浩瀚。

「靈丘」名稱的由來

山西省雁北地區有個靈丘縣。靈丘，說來與中國歷史上著名的典故「胡服騎射」有關。胡服騎射，由戰國時代趙國的趙武靈王趙雍推行，並且取得了巨大的成功。其影響波及當時整個中國，引發了社會的深層變化。

後來，趙武靈王駕崩，其陵墓就在當今的靈丘。

胡服騎射，是中國軍事史上的劃時代變革。這次發生在戰國時代的變革，充分體現了華夏文明的開闊胸襟，勇於並善於吸納異質文明，取精用宏，終能成其博大浩瀚。推進胡服騎射這個變革的趙武靈王，不啻建造了開天闢地之功。梁啟超甚至將趙武靈王比之於俄國的彼得大帝，盛讚其為華夏文明史上「黃帝以後的第一偉人」。

胡服騎射，為趙國贏得了赫赫武功，同時開創了中國古代騎兵史的新紀元。中國軍事史上，除車兵、步兵與舟兵之外，自此出現了騎兵這個嶄新兵種。而且，其偉大的意義在於：胡服騎射以服飾文明的吸納交融為象徵，奠定了中原農耕文明與北方游牧文明融合的基礎，繼而推進了民族大融合。華夏族群從那時直到近代，能夠融會百族、和合萬邦，並發展壯大，胡服騎射當居首功。

而且，胡服騎射沒有動搖華夏文明的仁道根基。這一點，尤為值得稱道。

當然，深刻的變革，同時也必然會遭遇傳統觀念、守舊勢力的頑固抵抗。趙武靈王的結局是悲劇性的，他的兩個兒子爭奪王位，他最終被困死在沙丘行宮。史上的沙丘宮，在今河北省西北部靠近山西的地界。趙武靈王駕崩後，安葬在今山西靈丘縣境內。

漢朝初年，此地正式設縣，縣名靈丘。

所謂「靈丘」者，正是指趙武靈王死後安葬的墓穴陵丘。

可以說，倡導與推進改革的趙武靈王，雖然個人的結局令人扼腕，但是他所倡導推進的變革不可逆轉。胡服騎射，最終成為華夏文明史上改革開放的代表，光耀千古。

靈丘這個地名，留存並保全了我們對趙武靈王的永恆記憶。

趙國在改革前的嚴峻態勢

春秋戰國是中國歷史上生機勃勃的時代。百家爭鳴，思想最為活躍。列國競爭、激烈比拚。在形勢推動之下，唯有變革才能立於不敗之地。其間歷史名人輩出，各種變革此起彼伏。魯國的「初稅畝」、晉國的「作爰田、作州兵」、鄭國的「作丘賦」等等，皆是所有制的改革。改革大潮可謂風起雲湧。

到戰國，列國競爭愈加激烈。因「商鞅變法」，邊鄙小國秦國終成「虎狼之國」。其軍隊按照斬殺敵軍首級來論功行賞，變成了恐怖的戰爭機器，對中原各國造成了極大的威脅。面對咄咄逼人的秦國，趙國首當其衝遭受到了巨大的壓力。

當時，趙國的首都已經從古晉陽遷到邯鄲，而其轄地也從河北南部、山西東南一帶，拓展到山西北部。從地理位置上看，趙國西面是節節進逼的強秦，南面是宿敵楚國，東有齊國，北有燕國，處於所謂「四戰之地」；而且，還有一個狄族人建立的中山國，恰恰就嵌在趙國的版圖之中。趙國與中原各國凡有戰事爭端，中山國必然作亂掣肘。中山國曾經屢次襲擾邢臺，逼近邯鄲，大肆擄掠，是趙國的肘腋之患。

趙武靈王趙雍的父親 —— 趙肅侯趙語號稱趙國的中興之主。然而天不假年，於西元前 326 年，齎志而歿。太子趙雍出生於西元前 340 年，此時剛剛十四歲。

趁趙國國喪，秦齊魏楚燕五國，以弔唁為名，各派精兵萬人逼近趙國邊界。五國使臣，乘人之危、氣勢洶洶，有左右趙國政局，甚至瓜分趙國之圖謀。趙肅侯屍骨未寒，不曾落葬，邯鄲震動，朝野恐慌。公族少年，叫喊魚死網破，卻並無萬全之策。眾多國人懷疑趙雍年少，恐怕不能應對如此難局。

少年趙雍在前朝老臣和叔父安平君趙成的輔佐之下，勉力應對局勢。先是派出客卿田不禮為使，重賄越國，從側後進攻楚國；而後派出狄族身分的大臣樓緩為使，重賄北面的樓煩、林胡部族，請其猛攻燕國與中山邊境。如此，楚國、燕國一時自顧不暇。

趙雍還親自接見韓國、宋國使臣，牢固韓、趙、宋三國的固有聯盟。秦國、魏國、齊國，對此頓生忌憚。

同時，趙國調動太原郡和代郡的兵力，陳兵邊境、嚴陣以待。

然後正告五國：若是前來弔唁，只許使臣入境。五國見狀，只好退兵；使者收斂氣焰，前來依禮恭謹弔唁。

西元前 325 年祭祀宗廟，韓國、宋國、魏國等國的國君和使臣前來致賀，年方十五歲的趙雍，正式登位。

先君去世的危機，總算平安度過，但是趙國的處境，不能不令新君趙雍倍感壓力。

可以說，改革不是某一個人的突發奇想，而往往是形勢所迫。對於趙國，改革成為決定其生死存亡的必然抉擇。

勢在必行的胡服騎射

趙雍登位之後，下定決心繼承先父遺志，首先解決中山國的問題。

他將國事交給叔父趙成，令其坐鎮邯鄲，趙雍親自帶兵出征中山國。

中山國本是夷狄國，領土多在太行東側的山區。

讓我們進一步來講，那中山國雖是夷狄國，但是夷狄國就沒有存在的權利了嗎？其實，這並不是一個簡單的「夷夏之防」的問題，其實質是生產和生活方式與制度文化的衝突。如果中山國服膺華夏文明，實行農耕生產，力爭自給自足，相信能夠與周邊各國友好相處，漸漸地融入中心文明。然而，中山國依然停留在游牧文明的階段，對於周邊的華夏國度，經常襲擾劫掠。這才是中山國不能長久存身的根本原因。

但是該國地處山區，易守難攻，而且向來注重騎兵，奔馳往來如風。趙國使用傳統的兵車作戰，受地形阻礙限制，轉動不靈。雙方交戰，趙國難以占得上風。趙雍也曾率軍尋找中山國的主力決戰，對方卻往往化整為零，出沒無定。

這場戰事，趙國大張旗鼓，結果是勞民傷財、損兵折將。征伐中山，無功而返。

中山國這個肘腋之患的存在，擺在了青年國君趙雍的面前。改革已然勢在必行。首先，必須進行軍事改革，必須建立一支強大的騎兵部隊，否則，莫說雄霸中原，僅僅是中山國的問題，亦將無法解決。

戰國時的各個國家，皆有各自面對的實際問題，皆有進行改革的必要，「胡服騎射」這樣驚世駭俗的改革，如何單單發生在趙國？

可以說，趙國除了面對的實際問題迫使其必須改革，還有實行胡服騎射的天然優勢。

史書記載，晉文公重耳就是狄族母親所生。重耳流亡去國十九年，開初曾經在狄國居留長達十二年。重耳與他的追隨者趙衰，還曾經一起娶了屬於狄族別部的兩位女子季隗與叔隗。趙衰與叔隗所生的兒子趙盾，正是趙氏孤兒趙武的祖父。史書上極其簡略的記載，還透露出這樣的資訊：趙氏的封地之一北原，與古代赤狄、白狄等北方游牧部落建立的邦國接壤。

到春秋末期，三家分晉前夕，晉國智伯用贈送大鐘的謀略，兵不血刃地進入狄族人在當今盂縣一帶建立的古仇猶國，後來，這裡成了趙國的屬地。

此後不久，趙氏又攻取了晉陽古城以北的代國。代國，同樣是一個游牧部族國家。

到三家分晉之後，趙國除了擁有仇猶國、代國原有的土地，其疆域繼續向北拓展，與樓煩、林胡等部族活動的區域接壤，趙國向來與游牧部族有著各種往來。

可以說，相比其他諸侯國而言，由於地緣的原因，趙國與北方游牧部族的接觸交往歷史最為悠久，交往最為頻繁，也最為深入，他們對所謂胡人的生活習俗、軍隊建構、騎兵作戰方式，也最為了解。事實上，趙國在占有仇猶國、代國等地之後，已經在趙國內部有過民族融合，有過農、牧文化相互吸納交融的種種實踐。

以上這些便是趙武靈王得以推進胡服騎射這樣的重大改革之地緣優勢和先決條件。

趙雍強勢推進改革

西元前 306 年，距趙雍登基已經過去了二十年。十五歲繼承王位的少年國君趙雍，已成長為一個雄才大略的中年君主。這一年，經過深思熟慮和各方面的準備，趙雍開始強力推行改革，響亮地提出了「胡服騎射」的改革口號。

關於推行胡服騎射這個改革措施，《戰國策》對之有過最早的記載。

針對國人、朝臣以及王族等因循古法的守舊心理，趙雍思考有年，已經形成了必須推進改革的完整理論。「法度制令，各順其宜，衣服器械，各便其用」、「古今不同俗，何古之法？帝王不相襲，何禮之循」、「勢與俗化，而禮與變俱，聖人之道也」，他理直氣壯地提出「便國不必法古，聖人之興也，不相襲而王」的革命性口號。

事實上，任何重大改革，必須有倡導、主持者的強勢推進，方才可能成功。同樣，任何重大改革，也必然會對國家的政治體制和人們的習慣心理形成巨大的衝擊，必然會引發守舊勢力的頑強抵抗。

當時，趙雍甫提出改革，群臣、國人，甚至是趙氏王族，以叔父安平君趙成為首的若干朝廷重臣，也公然堅決反對。

在朝堂上提出反對意見之餘，趙成看到無法讓國君趙雍收回成命，於是採取了「稱疾不朝」的辦法，消極怠工、拒絕合作。

在改革遭到頑強抵制的情況下，趙雍抓住了問題的關鍵，親自登門說服安平君趙成。

史書《資治通鑑》，對此有過言簡意賅的介紹：

（胡服騎射）國人皆不欲，公子成稱疾不朝。王使人請之曰：「家聽於親，國聽於君。今寡人作教易服而公叔不服，吾恐天下議之也。制國有常，利民為本；從政有經，令行為上。明德先論於賤，而從政先信於貴，故願慕公叔之義以成胡服之功也。」公子成再拜稽首曰：「臣聞中國者，聖賢之所教也，禮樂之所用也，遠方之所觀赴也，蠻夷之所則效也。今王捨此而襲遠方之服，變古之道，逆人之心，臣願王熟圖之也！」使者以報。

王自往請之，曰：「吾國東有齊、中山，北有燕、東胡，西有樓煩、秦、韓之邊。今無騎射之備，則何以守之哉？先時中山負齊之強兵，侵暴吾地，繫累吾民，引水圍鄗；微社稷之神靈，則鄗幾於不守也，先君醜之。故寡人變服騎射，欲以備四境之難，報中山之怨。而叔順中國之俗，惡變服之名，以忘鄗事之丑，非寡人之所望也！」公子成聽命，乃賜胡服，明日服而朝。於是始出胡服令，而招騎射焉。

事實上，趙國若不改革，面臨的將是失敗乃至滅亡，祖宗基業將盡數丟棄。安平君趙成又安能禮樂玉帛展現貴族風度？邯鄲又安能保持衣冠上國文明？

說到底，希冀趙國強盛，繼承光大祖宗基業，叔姪二人包括朝臣國人，大家的根本目標是一致的。另有一種說法是建立騎兵，或可胡服騎射；日常服飾，何必也要改穿胡服？

趙雍認為:「衣服之制，所以齊常民，非所以論賢者也。」之所以要全民穿胡服，說來是一種極大的文化遠見。提倡胡服，可以減弱中原人鄙視胡人的習慣心理，同時可以減弱胡人牴觸華夏文明的心理。

後來的事實證明，驚世駭俗的改革，果然帶來了令人驚詫的超乎預期的卓著成效。

這些成效，有的是顯見的。比如軍隊戰鬥力、整體國力的提升以及領土的拓展、人口的增加等。

而另外的隱性成效，則更加具備久遠的文化意義。胡服騎射，為中華民族樹立了一個勇於改革的榜樣，樹立了一個倡導民族融合、和合萬邦的光輝榜樣。華夏文明因而成為一個善於吸納異質文明、不斷吐故納新的文明，成為一個雍容博大並且勃勃生機的文明。

成效顯著的改革

趙武靈王推行的胡服騎射，很快就顯現出巨大的成效。

軍隊改穿胡服，建立騎兵部隊，將士們習練騎馬射箭，趙國的軍力得到了極大的提升。

而趙國原本與樓煩、林胡等游牧部族的土地接壤，有著種種交往，趙國軍人與民眾一律改穿胡服，果然減弱了華夏民族鄙視胡人的心理，同時增強了游牧部族對華夏文明的認同與歸依心理。

史書有載，西元前 300 年左右，趙國與樓煩、林胡的關係發生了巨大的變化。幾乎是兵不血刃，雙方化敵為友。林胡部族，向趙國獻出了本地出產的良馬；而樓煩部族，則是「致其兵」，也就是讓其部隊歸屬趙國統率領導。

雖然史書上沒有更多的明確記載，但是我們可以察今知古。可想而知，由於推行了胡服騎射的變革，趙國與樓煩、林胡這些游牧部族，不僅實現了和平共處，而且逐漸實現了民族融合。

在民族融合的基礎上，短短幾年，趙國於代郡以北，拓建了雁門郡、雲中郡和九原郡三個新的行政管理機構。趙國的領土，不僅推進到如今的朔州、大同地區，而且跨越黃河，從如今的內蒙古高原上的大弓背，一直拓展到陰山以北。單從領土面積而言，趙國一躍成為僅次於楚國、秦國的北方大國。

從西元前 307 年倡導胡服騎射，在國家軍力提升、國力大增的基礎上，特別是在建立並不斷擴充騎兵部隊之後，趙國開始再次解決中山國的問題。趙國的改革過去了五年，西元前 301 年，趙武靈王親自率領大軍，攻克了中山國的都城靈壽。然後，又過了五年，到西元前 296 年，胡服騎射改革十餘年之後，趙國終於徹底滅掉了肘腋之患中山國。

就胡服騎射本身所折射的意味而言，從趙國處理與樓煩、林胡關係的事實而言，中山國雖然是趙國的宿敵之一，「滅掉中山國」不會是一場血流成河的種族殺戮和血腥報復。

晉國，曾經滅掉過仇猶國；趙國，曾經滅掉過代國。這些地方，只是不再叫做仇猶國、代國而已；這裡的人民，從此漸次融入了華夏族群。這是歷史上曾經的事實。趙國，在民族融合的基礎上，拓建了雁門郡、雲中郡和九原郡。中山國的滅亡，同樣是華夏族群在融會壯大過程中的一段篇章而已。和合萬邦而不是趕盡殺絕，這是華夏文明的一個根本特質。

胡服騎射的文化意義

胡服騎射的文化意義，這真是一個好題目，也是一個大題目。本文難以展開來長篇大論，只能依據個人的粗淺理解，簡單一說。

趙武靈王推行胡服騎射的改革，取得了顯見的成功。於是，華夏各諸侯國紛紛起而仿效。各國先後建立了騎兵部隊，而且整個社會都出現了衣冠服飾變化的大潮。可以說，胡服騎射引發了華夏社會的觀念變化。

在趙國推行胡服騎射之五十年前，秦國進行了商鞅變法。

關於商鞅變法，後人多有議論。商鞅變法的內容很多，簡略而言，主要有兩點。

一是對外作戰推行首級軍功制度。鼓勵殺人，根據砍下敵軍的首級數量，決定賞罰。一場戰爭，一個一百人的軍事單位，砍殺敵軍頭顱達到三十三個，即三分之一，才算完成任務。超出標準，軍官士兵，能夠晉級；否則，就要降級，或者變成奴隸，甚至被處死。由之，秦軍變成了瘋狂的殺人機器。

二是對內實行十五連坐的保甲制度。整個國家刑法繁苛，幾乎是全民奴隸化。民眾要互相監督，鼓勵告密。犯了秦國法律條文者，如果要判刑三年，知情不報者，則要被判處無期徒刑，甚至砍頭腰斬。而且，秦國法律還規定親人之間必須告密，這簡直就是對天理人倫的極端踐踏。同時，前方一旦有軍士逃亡或者投降，甚至只是打了敗仗，軍士的家屬就要受到嚴懲。也就是說，軍士的家人變成了國家手中脅迫軍士賣命的人質。

嚴刑峻法之下，秦國變法的效果幾乎立竿見影，但是它的軍功首級制度、對內控制壓榨行為、對外武力侵略行為，是否可以全盤照搬？這在當時就引發了各國思想家、政治家深刻廣泛的爭論。

事實上，其他的諸侯國家，儘管看到了秦國的變法效果，卻並沒有起而仿效。秦國是一個徹頭徹尾的虎狼之國，華夏諸國堅守文明底線，堅決拒絕變成虎狼之國。

「上古競於道德」、「當今爭於力氣」，這是戰國時代出現的罪惡理論，也是當時不幸的現實。虎狼之國秦國，絕對崇信武力，最終一統華夏，這是確鑿的歷史真實。這強力支撐了 「存在的即是合理的」這個強權邏輯。

但是，秦國雖然暫時一統華夏，卻忽忽焉二世而亡。秦國滅亡的時候，沒有出現一個誓死捍衛秦國的忠臣。「天下苦秦久矣」，這是整個中國的呼聲，也是秦國民眾的呼聲。一個小小的亭長劉邦進了咸陽，當即廢除繁苛的秦法，與民約法三章：殺人者死，傷人及盜抵罪，結果「秦民大悅」！秦國完蛋，恐怖的繁苛的刑法得以廢除，秦國的老百姓歡天喜地！

華夏文明自古以來，對內要實施仁政，對外則奉行和平共存。華夏文明，追求的是「遠人不服，則修文德以來之」，而絕非武力征服。

事實上，趙武靈王的胡服騎射這個強軍強國改革，並沒有動搖華夏文明的根基。它恰恰是華夏文明的一個成長節點，拓展了基礎文明的內涵與外延。我們可以這樣來認知：當時，北方的游牧部族逐漸和平融入華夏族群，就是華夏文明的感召和吸引，就是具體化的「遠人來服」。

或有一問：胡服騎射固然好，趙國最終卻失敗了；商鞅變法有種種弊病，秦國最終卻勝利了。這又如何說？

這樣的發問，其實還是依據「成王敗寇」的那一套理論。

歷史是無情的、沉著的、自信的、具有說服力的。

成吉思汗和他的子孫們，不更加厲害嗎？他們曾經打遍天下無敵手啊！他們的不可一世的「汗國」哪裡去了？大秦帝國要「始皇」、「二世」、「三世」，傳之萬世，卻忽忽焉二世而亡。它曾經銷天下之兵，鑄為十二金人，不許老百姓手中有武器，陳勝、吳廣揭竿而起，舉著農具就造了反；它曾經焚書坑儒，滅亡大秦帝國的劉邦、項羽，後人有詩曰「坑灰未冷山東亂，劉項原來不讀書」。

依靠殺戮來征服世界，或可得逞一時，但是歷史終將為反天道、反人類的倒行逆施以無情的嚴懲，暴君暴政，必將被釘在歷史的恥辱柱上。

而只有文明之河滔滔汩汩，永遠流淌。

前無古人的趙武靈王

趙武靈王趙雍，生於西元前 340 年，西元前 295 年畢命於沙丘宮。可惜蓋世英豪只活了四十五歲。

從西元前 307 年推行胡服騎射到趙雍去世，滿打滿算十年有餘，趙國變革，取得了令人炫目的偉大成就。

當趙國透過胡服騎射變得強盛起來的時候，趙武靈王的胸中其實已經在醞釀著一個更大的策略目標，那就是徹底解決秦國的問題。

秦國，依託大西北，擁有關中和四川、漢中幾大糧倉，其東進的勢頭幾乎難以阻擋。關東各諸侯國，有過聯合六國兵力一起抗秦的設想，並且曾經數次付諸實施，史稱「合縱抗秦」。然而，除了興師動眾、勞民傷財之外，只是在某種程度上阻遏了秦國東進的步伐而已，並沒有從根本上解決秦國的問題。

於是，強盛起來的趙國，肩負起大國責任，雄才大略的趙武靈王，決定措手解決這個問題。

由於趙國的國力、軍力得到極大提升，隔著秦晉之間的黃河大峽谷，兩國對峙，趙國已經不落下風。但是西渡黃河，或者沿著傳統的路線去攻打函谷關——所謂「叩關攻秦」，事實證明，這些都不是最好的選擇。

趙國在拓建雲中、雁門二郡後，接著拓建了與秦國北部接壤的河套一帶，增設九原郡，因之從北方形成了對秦國的壓迫包抄之勢。西元前 298 年，雄才大略的趙雍，竟然親自跟隨商隊，從九原郡出發，由秦國的北部入境，一路向南，抵達了秦國首都咸陽。

沿途，趙雍考察秦地的風土民情與軍隊建制等情況。可以說，就像後來的小說《西遊記》中的故事一樣，孫悟空鑽到了鐵扇公主的肚子裡——一位諸侯國王，一個大國首領，能夠如此行事，無論如何都應該被稱之為傳奇。

而且，在趙雍的設計安排之下，趙國的大臣樓緩作為使臣，這時也從趙國來到了咸陽。趙雍與樓緩碰頭後，自己又隱藏身分，化裝成使臣樓緩的隨從，跟著使團一道進入秦國宮中。趙雍親自深入秦國王宮，見到了執掌秦國朝政的宣太后羋月和秦昭襄王嬴稷。

雖然一方在暗處、一方在明處，但是這樣的會面，確實堪稱「歷史性的會面」。

會面之後，趙武靈王評價宣太后與昭襄王母子「均非尋常人也」。

而閱人甚多的宣太后，也看出樓緩的那個隨從絕非凡人。於是，再次召見樓緩，存心要誅殺其人。

趙雍何等人，棋高一著，已經快馬輕騎離開了咸陽。待秦國追兵趕到邊界，趙雍一行剛剛出關。

直到此時，秦國方面的懷疑才最終得到證實：樓緩的那位隨從，竟然是趙國國君趙雍！

趙雍親自入秦窺看秦國的朝野情勢，一國之君冒險深入虎穴，此舉堪稱前無古人。如此氣概，極大地震懾了秦國太后與君主以及滿朝文武。

非常遺憾，雄心萬丈的趙武靈王，在於西元前 298 年冒險進入秦國咸陽之後，僅僅過了三年，就於西元前 295 年，不幸崩殂，活活餓死在沙丘宮。

他的兩個兒子爭奪王位，這種在春秋戰國經常發生的權力爭奪鬧劇，同樣發生在趙武靈王身邊，趙武靈王不幸成為這個鬧劇的犧牲品。這種令人痛心的犧牲，並非「天妒英才」這樣一個現成的成語所能涵括，也可以說，是「權力」這個人類政治體制的惡魔殺死了趙武靈王。

假設，趙武靈王不死，他雄心勃勃的計畫得以實施，中國的歷史走向，也許將是另外一個樣子。

那樣的話，秦國不會掃滅六國，秦始皇不會稱帝；不會出現集權帝制，封建社不會陷入帝制統治。

孔子曰：「如有用我者，吾其為東周乎！」歷史上，可能像東周一樣，出現一個「虛君共和」的彷彿聯邦制一樣的政治體制，和合萬邦、遠人來服。

然而，歷史無法假設。

儘管如此，趙武靈王趙雍，仍然值得我們歌贊；他所推行的驚世駭俗的胡服騎射，仍然在歷史的冊頁上閃耀著灼灼光華。

講論長平之戰

秦始皇之所以焚書坑儒，反過來證明了暴政暴君對仁者仁道的刻骨仇恨與無比恐懼。

相對於「武運長久」，自古以來，中華民族偉大的聖賢和深廣的民間，奉行和堅守的始終是「仁者無敵」。

高平，曾經的長平

高平，如今是山西省晉城市所轄的縣級市。它處在晉城澤州小盆地的北沿，與其北面的長治盆地隔了一座羊頭山。在兩個盆地的中間過渡地帶，這裡相對海拔較高，但是整個地域又相對平廣，是為高而平，所以得名「高平」。

高平，在中國歷史上還有過另一個地名：長平。

戰國時代，慘烈的長平之戰就發生在這裡。高平，因之在歷史文化的意義上就更加著名。

歷史上的長平之戰

長平之戰發生在戰國末期，戰爭時段在西元前 262 年至西元前 260 年。當時，秦國投入兵力六十萬，趙國出動兵力則有四十五萬，兩國幾乎都投入了傾國軍力。說這場戰爭是戰國末期兩大強國之間的決戰，毫不為過。

秦國與趙國之間的這場惡戰，最終以趙軍的慘烈失敗告終。

整個長平之戰，秦軍死傷近三十萬人，對於秦國，可以說是一場慘勝。而趙國戰敗，屬於全軍覆沒。四十五萬將士，除部分戰死者之外，其餘因斷糧被圍而投降的趙軍，被秦軍盡數坑殺。史書《資治通鑑》的白紙黑字明確記載：「趙師大敗，卒四十萬人皆降。……乃挾詐而盡坑殺之。遺其小者二百四十人歸趙。前後斬首虜四十五萬人。趙人大震。」

秦軍屠殺活埋幾十萬戰俘之後，僅僅放回了尚未成年的士兵二百四十名。放過這區區二百四十人，當然也不是秦國生出了什麼憐憫仁慈之心，而是要他們回邯鄲去報信，以公然宣揚秦軍的不可戰勝，以繼續在趙國散布恐怖氣息。

後人有評價說這是秦趙兩個強國之間的策略決戰，這場決戰，是戰國歷史的關鍵轉捩點；戰爭的結局，加速了秦國統一中國。

這樣的評價，高屋建瓴，概括總結，口吻斷然，令人無法置喙。

是啊，歷史無法假設。談到歷史，誰都必須尊重事實。事實上，秦趙決戰，秦國是勝利了，而趙國確實是失敗了。

而作為文字的歷史，非常不幸，向來都是由勝利者來書寫的。

而且，後人而復後人，在評價歷史的時候，多半都會陷入「以成敗論英雄」的窠臼。這樣的歷史評說，透著一種近乎冷漠的平靜。彷彿只要取得勝利，勝利者的任何殘暴不仁都變得那麼理所當然。

秦國仗恃武力，以暴虐爭勝，儘管在事實上統一了中國，但是也在事實上成為一個極其短命的王朝。而且，關於秦國的暴政也一直受到後人而復後人的詬病。秦將白起下令，秦軍坑殺趙卒四十萬，成為一種反人類的戰爭罪行，受到歷史的嚴厲審判和人們永遠的詛咒。

山西高平，歷史上的長平之戰 —— 那殘暴坑殺數十萬降卒的事件，就發生在這裡。

殺降！坑殺！活埋！四十萬條生命！

無論「一統中國」的名堂多麼豪邁炫目，殺降、活埋這樣的反人類暴行，必須受到永遠的詛咒與審判。

長平之戰來龍去脈

關於長平之戰的起因，在《資治通鑑》上有明確記述。

當時，韓國的首都在河南鄭地，而其國土疆域跨過黃河與太行山南端，包括如今的長治和高平，即歷史上的整個上黨地區。西元前 262 年，秦軍攻取了韓國的野王，這樣，就完全隔斷了韓國上黨地區與首都的連繫，上黨地區立刻陷入岌岌可危的境地。上黨守將馮亭見情勢危急，乃與屬下以及當地民眾商議後決定，將上黨地區獻給趙國。

韓趙兩國本來是相對友好的國家，相互支持聲援、共同對付強秦是兩國之間一貫的做法。事出緊急，韓國方面有此動議，情有可原。

當時，對於要不要接受韓國的餽贈，在趙國朝堂決策者當中有過爭論。反對一方，主要觀點認為：這是韓國在嫁禍於人，秦國攻取了野王，已經視上黨為囊中之物；趙國平白得到上黨，分明就是激惱秦國，惹禍上身。而趙王和歷史上著名的平原君趙勝，卻主張接收上黨。

往後的事態發展，果然如當初的反對者所說，秦國方面倍增惱恨，立刻派出大軍攻取上黨，秦趙之間的長平之戰終於爆發。

從那時到當今，許多學者文人，對於長平之戰的起因，仍然持這種看法。就這場戰爭的直接動因或日表層因素來說，上述看法不能說錯。但是我們看書，不能只看一頁；分析問題，也不應該只注意表層因素。

秦國立志東進，欲要平滅六國，這是秦國的國策和既定方針。秦國攻取野王之後，將接著攻取上黨，然後滅掉韓國，這是可以想見的事情。往下，趙國失去友邦韓國的屏障，是為脣亡齒寒。秦國占據上黨之後，將居高臨下直撲邯鄲，進而滅掉趙國，這是可以想見的大機率事件。後來的歷史事實，也正是如此。

那麼，趙國收取上黨地區與否，絲毫不會改變秦國的國策。正是景陽岡上的老虎，武松打牠，牠要吃人；武松不打牠，牠依然要吃人。六國之中，相對強大的趙國與秦國的決戰，遲早都要到來。什麼韜光養晦、忍辱負重、避敵鋒芒、示弱示好，通通無濟於事。希望用忍讓來感化咄咄逼人的秦帝國，不啻白日做夢。

從另一個角度來說，趙國收取上黨地區，與秦國在此決戰，「禦敵於國門之外」，有何不可？站在趙國和山東六國的立場看，放任秦國成為一個虎狼之國，養虎遺患，已經太久了！

不能讓秦國繼續坐大，不能讓秦國繼續東進，不能讓秦國將山東六國各個擊破，也不能讓秦國得到上黨取得居高臨下的地理優勢平滅趙國。趙國收取上黨地區，哪怕因此引發秦國惱怒，引發戰爭，甚至進行決戰，趙國也只能義無反顧！

只是，趙國在長平之戰中，由於種種原因，不幸失敗了。

由於後來的事實上的失敗，就全盤否定此前的國家決策——如果這樣來分析問題，不過依然是一個顢頇、淺薄、鄙陋的成敗論者罷了。

趙國陣前換將的真相

長平之戰一開始，秦國的主將是王齕，而趙國的主將是廉頗。

〈千字文〉所謂「起翦頗牧，用軍最精」，廉頗是戰國末期數得上的名將。平心而論，趙國方面選擇廉頗擔任主將的決策非常正確。

回顧兩國戰事的發展，事實上也證明了上述決策的正確性。

兩軍皆是遠道而來，而秦國距離上黨更遠，後勤供應鏈也更漫長。趙軍與秦軍幾番戰鬥，趙軍難以取得上風。廉頗老將採取了堅壁不出、固守險絕的策略。趙國消耗不起，秦國同樣消耗不起。在雙方對峙的情況下，趙國可以尋求友邦相助，以牽制秦軍。假以時日，或秦軍消耗不起，不得不退兵；或趙軍敵疲我打，迫使秦軍退兵，這些可能都是存在的。

薑還是老的辣，老當益壯、老馬識途、老到老成、老而彌堅——這些詞彙通通可以用來誇讚廉頗。

然而，情況發生了意想不到的變化。

兩國交戰，從來都不僅僅是軍事戰場上的較量。秦軍久戰不下，於是使出了反間計。「兵行詭道」，為了取得戰爭勝利，使用任何權謀詭計都無可厚非。反過來說，堂堂趙國，謀臣亦不少，怎麼就想不到使用反間計呢？在這一點上，趙國已然輸了一籌。

問題在於，秦國的反間計竟然生效了。趙國之大敗虧輸的結局，自此已被奠定。

秦國的反間計，說來也並不高妙。他們散布謠言說秦軍並不害怕什麼老將廉頗，害怕的倒是趙國的後起之秀新銳將領趙括。這樣幾句哄小孩的話，竟然真就哄住了趙王。

此時的趙王，是趙孝成王，乃趙惠文王的兒子。史書記載，這個趙王系幼年登基，正是一個容易受到哄騙的孩子。

當然，趙王除了為政經驗不足容易上當外，恐怕他多半也樂於使用和啟用年輕人，而不會特別信任藺相如、廉頗等前朝老臣。

臨陣換將，用乳臭未乾的趙括換下老成持重的廉頗，幾乎成為某種命定與必然。

如果說，直接造成長平之戰兵敗後果的主將趙括，對兵敗負有不可推卸的責任，那麼，最應該負責的第一人就是趙孝成王。

當然，從當時的歷史背景出發來詳加分析，即便趙王並沒有臨陣換將，趙括並沒有替代廉頗，長平之戰或許會是另外一個結果，但是趙國的最終敗亡同樣不可避免。某場戰爭的具體成敗，並不能改變歷史最終的走向與結局。

面對強秦，山東六國最終都被滅國了。它們的滅亡，都是因為某次戰爭或某場決戰臨陣換將嗎？顯然不是。事實上，山東六國最終滅亡，是因為它們面對著一個崇尚暴力、厲行軍功制度的戰爭機器。

第二次世界大戰開初幾年，歐洲眾多國家都在納粹德國的閃電戰中吃了敗仗甚至亡國，那都是因為這些國家的將領紙上談兵嗎？顯然不是。事實上，大家面對的是一個反人類的軍事帝國。

成吉思汗與他的子孫，曾經橫掃歐亞，當年的歐亞各國都是因為臨陣換將用人不當嗎？顯然不是。事實上，當年歐亞各國面對的是一個中世紀的強大帝國。

善良，並不能總是戰勝殘忍；

仁道，並不能總是戰勝暴虐；

正義，並不能總是戰勝邪惡；

文明，並不能總是戰勝野蠻。

我們只能說，縱觀人類文明史，善良、仁道、正義與文明，在與殘忍、暴虐、邪惡和野蠻的對抗中，最終並沒有失敗。

暴秦忽忽焉二世而亡；

成吉思汗和他的子孫們建立的帝國，早已土崩瓦解；

德義日法西斯最後都被打垮，並且受到正義的審判。

歷史事實多次證明：哪怕曾經有過失策、失誤和失敗，文明絕不繳械。

人類文明，百戰不殆，人類文明的旗幟，永遠高高飄揚！

趙括並非霍去病

在真實發生的歷史發展中，一切讓後人有些遺憾的事情，偏偏就有如命定一般地發生了。

廉頗率領趙軍，使用堅壁不出的戰法，使得長平之戰陷入僵局。趙孝成王中了反間計，做出了臨陣換將的決策。

青年趙括，作為趙國王室的同宗子弟，其時年齡將滿三十。三十而立，此時的趙括，受到趙王的信任與重託，奔赴前線，要去替代功成名就、大名如雷貫耳的廉頗老將。如果說趙括多麼志得意滿，莫如說他一定會在同時感到責任重大、壓力如山。

在長平之戰決出勝負之後，兵敗身死的趙括幾乎成了一個背負惡名的罪人。紙上談兵 —— 因他而誕生的這個成語，從此魔咒似的牢牢連結了他。

但是，趙括真的只會紙上談兵嗎？說他是紙上談兵的角色，是在長平之戰的結果出來之後史家為他做出的結論。

當然，這個結論出自事實，不能算錯。

可是，不紙上談兵，曾經多次多年領兵打仗、富有帶兵作戰經驗的將軍們，就一定能夠永遠打勝仗嗎？事實上，眼前就有現成的例子。大名鼎鼎的廉頗老將，面對的並非是白起而是王齕，幾番交戰，也未占得上風。

只是，趙括第一次擔任趙國的全軍統帥，以全軍統帥的身分第一次作戰，結果卻失敗了。

結果，趙括戰死了。即便他不死，對於全軍覆沒，他這個主帥也絕對難辭其咎。

還有，「紙上談兵」是他母親轉述的其父趙奢對趙括的評價。這點也要說一說。

或日，知子莫如父，趙奢對兒子的評價，應該說最為中肯可信。但是，「人前教子，背後教妻」是傳統的治家經驗之談，趙奢又安可在人前人後大肆誇讚自己的兒子？再者，趙括的母親如此講話，或許反映出的是母親對兒子的擔憂。已然失去丈夫的女人，不忍再讓兒子去冒天大的風險。

父親的評價，母親的擔憂，到底也未能改變趙王的主張。

趙括的命運，在他接受趙王任命的一刻，已然被決定了。

行文走筆至此，我們還可以有一個更大膽的假設。

假如趙孝成王有如後來雄才大略的漢武大帝，趙括彷彿漢武帝時代的霍去病，情況定然會是另一個樣子。

霍去病與趙括相比，更加年輕，也不曾有過什麼領軍作戰的經驗，要說，那才更是紙上談兵的角色。然而，少年將軍受命，毅然領軍出塞，初戰即獲得大勝，爾後有如神助，每戰必勝，終成中國歷史上的傳奇。

漢朝在武帝時代，國力大增，在與匈奴的決戰中，整個國勢包括國運都在大漢一邊。而霍去病是不世出的天才將領，大漢的國力國勢，都支撐了一位天才的橫空出世；橫空出世的天才將領，其顯赫戰功又進一步強化了大漢的國力國勢。

趙孝成王，不是漢武大帝；趙括，更不是霍去病。

骷髏廟，亡靈主神

高平作為長平之戰的原址，千百年來留存了許多與這場戰爭有關的村名和地名。從長平之戰發生到現在，已經過去了兩千多年，這些村名和地名，留存了民間永遠的記憶。

比如村名，有谷口、圍城、尖兵、箭頭、企甲（棄甲）院、三甲、趙莊等。至於地名，則有殺谷、打仗溝、營防嶺、空倉嶺、馬鞍山、將軍嶺、白起臺、廉頗屯和骷髏山等。

圍城村，相傳是趙軍被秦軍圍困的地方，趙軍統帥趙括就死於此地。傳說，趙括死後，當地老百姓將其屍體偷回，葬於村北的二仙嶺上。為使子孫後代不忘趙國，遂將圍城村改名為趙莊。

如今的高平市郊區，有一條南北長五十里、東西寬二十里的黃土大峽谷，被稱作「殺谷」。這樣恐怖不祥的名字，意即趙括戰死之後，數十萬趙軍被迫投降，遭到集體坑殺的地方。

而谷口村，原名「哭頭」。秦軍一向以斬首記功，軍士們提著斬下的趙軍頭顱，來此報數記功受賞。曾經鮮活的生命，此時呈現出的是離開軀體之後的成千上萬的人頭，怎能不令人悲傷痛哭！

後來，當地村民對這個村名有所忌諱，歷代曾經改名為骷髏村、骨頭村、困頭村，直至民國初年，方才改成了現在的谷口村。

歷史發展到唐代，唐玄宗李隆基在當上皇帝之前，曾經出任過潞州別駕。據說，李隆基當了皇上之後，曾經有三次回到過山西潞州。又據說，李隆基此前就已經巡幸考察過高平即長平之戰的原址。

算起來，長平之戰到李隆基時代，已經過去千年。而位於高平的殺谷與谷口村一帶，依然是白骨遍野、頭顱成山。唐明皇看得怵目驚心，心生惻隱，遂下令讓人掩埋白骨，並且改此地為「省冤谷」。同時，在老百姓稱呼的「骷髏山」腳下，修建了一座「骷髏廟」。

史稱，當時「擇其骷骨中巨者，立像封骷髏大王」。

對此，一些頭巾氣十足的所謂文人學者，曾經發出疑問：戰敗被殺，皆成骷髏，怎麼還能封王呢？

比如，明代就有一位詩人，來此地遊歷，寫詩發出了這樣的感慨：

居然祠宇勞瞻拜，不信骷髏亦有王。

同樣是詩人，唐代詩人詩聖杜甫，在〈兵車行〉的結尾處，發出的是這樣的呼喊：

君不見青海頭，

古來白骨無人收。

新鬼煩冤舊鬼哭，

天陰雨溼聲啾啾！

所謂「武皇開邊意未已」，哪管「千村萬落生荊杞」！而為了建功立業，從來都是「一將功成萬骨枯」！偉大詩人就此發出的是對戰爭死傷的無窮悲憫，是對帝王勛業的抗議。

唐明皇降旨在長平之戰的原址建廟，以祭祀戰死的將士，以告慰那些被詐欺坑殺的亡靈，有何不可！他改此地名稱曰「省冤谷」，至少，認為長平之戰當中被坑殺的趙國將士們，是冤屈的，是值得悲憫同情的。

正是唐明皇的這個主張，在山西的高平，從那時起，有了一座唯一的紀念戰死者的廟宇。

至於在廟裡塑像，稱之為「骷髏王」，這只是為了合於建廟祭祀的規制，便於人們祭祀。骷髏王，不過是那數十萬死者的一個具象化的象徵。對於骷髏稱王不以為然，搖頭晃腦喋喋不休，煞有介事吟詩作賦，實在看不出有何高明，只能見出其冷心、冷漠和冷酷。

骷髏廟始建於唐，往後歷代均有修葺，現在廟記憶體有明萬曆三十七年（西元1609年）和清光緒十年（西元1884年）重修廟宇的碑記。

值得注意的是，現存的廟宇建築，包括正殿，都屬於清代遺構，而大廟正殿的塑像，則是明代所塑，而且塑的是趙括夫婦。

唐代立廟的時候，係「擇其骷骨中巨者，立像封骷髏大王」，說明那時絕沒有為趙括塑像。究竟從什麼朝代開始，廟裡主神改為趙括，碑記與地方志都沒有明確記載。但是這個事實，值得我們說說。

在所謂正史上，兵敗身死的趙括幾乎成為一個被一再詬病、嘲諷的負面角色。而在長平之戰的原地，在處於高平的這座唯一一座紀念戰死者的廟宇裡，卻為趙括塑了像，並且將趙括奉為主神，享香火祭祀。

如果沒有官方主張、朝廷敕命的任何記載，那麼，這就可以判定是一種純粹的民間行為。

深廣的民間，被華夏文明教化數千年的民間，胸懷猶如大海一般寬廣，大地一般深厚。在骷髏廟裡為趙括塑像，體現出民間的一種絕大的悲憫情懷。

再者，即便全然按照正史記載來評斷，兵敗身死的趙括也不應該被過分詬病和無情嘲諷。

勝敗本是兵家常事，只要打仗失敗，就被詬病、嘲諷，這是強人所難，這是一種非常無理的霸凌。

趙括作為主帥，在那場戰爭中不幸失敗了。被秦軍斷絕糧道之後，數十萬趙軍斷糧數十天，軍中出現了「人相食」的慘事。這時，趙國的後援部隊在哪裡？趙王和諸多朝臣大夫們，為此做了什麼努力？在已然絕望的情況下，三十歲的趙括，沒有選擇投降，而是奮起做了最後的搏戰。為了趙國，也為了自己；為自己的性命，更為自己的尊嚴。結果，他被秦軍射殺。他勇敢地選擇了死亡。這果真那麼可笑嗎？

骷髏廟，向來遊客極少，香火也非常稀落。

這很正常。

這是一座紀念數十萬戰死亡靈的廟宇，主神非佛非道，非神非仙。一般民眾求雨祈福，巴望早生貴子、長命百歲、自有去處，人們不會來這樣一個瀰漫著無盡悲涼的廟宇。

於是，這是一座全中國唯一的紀念長平之戰亡者的廟宇，也是一座格外冷清的廟宇。少數前來瞻仰、祭祀者，別無訴求，他們和當初建廟者一樣，只是心中存有一點悲憫和同情；他們或許也會行禮上香，表達一份惻隱之情。

聖人說：惻隱之心，仁之端也。

白骨坑，坑殺之地

出高平市區往北大約十公里處，在市郊永祿鄉，近年來建起了一座長平之戰紀念館。

除了周邊若干與那場戰爭有關的景點，紀念館裡最主要的參觀項目，就是 1990 年代在這裡發掘出來並加以保護的白骨坑。

筆者曾應朋友之邀，去高平遊玩了幾天，參觀了長平之戰的有關景點。此前在電視節目中曾經看過骷髏廟、白骨坑的若干影像，按說，我已經有了心理準備，然而，當看到現實中的白骨坑時，還是受到了強烈的震撼。

在紀念館內的地面之下，有玻璃板覆蓋，玻璃板下是保留了開掘現場原貌的一個白骨坑。坑底，白厲厲的人骨，疊壓交錯；骨架躺臥的姿勢，讓人想像出趙國戰俘們當初被坑殺時的掙扎扭動。

坑殺現場，身臨其境；實物實景，衝擊視覺。這時，「死人如亂麻，白骨相撐委」、「白骨露於野，千里無雞鳴」，這些古人的詩句，在現場的實景面前，令人有了更加刻骨的感知。

這時，我們穿越時空，來到了兩千多年前的殺戮現場。我們身臨其境，不能不感同身受：我們就是趙國將士，就是正在被慘無人道活埋的戰俘。此時此地，當時彼地，戰敗被俘的活生生的人，在屈辱地放棄抵抗、放下武器之後，希望按照戰爭慣例，按照人們自古奉行的起碼道義，能夠倖免於難，能夠被遣返歸家，能夠叩拜倚閭而望的父母高堂，能夠相擁心焦如焚的妻兒。

然而，然而，然而——

在那些纍纍白骨中，任何人都能看出，十之五六還是些少年。由於連年戰爭、死傷無數，各國都有兵力匱乏的問題，於是，徵兵擊穿了兵士的年齡下限，兵士的年齡越來越小。他們甚至支撐不起寬大的鎧甲，揮舞不動笨重的戈矛。政令之下，少年們不得不入伍參戰。沒有多少訓練，沒有上過戰場，就被驅趕到這長平地區，便要去殺人或者被殺。

解說員按照寫好的固定文字，在那裡例行公事地背誦臺詞。

臺詞和形成文字的解說詞都這樣說：

這裡的一號坑，和附近的二號坑，都是深坑。這應該是天然的深溝大壑，而不是秦軍為了活埋俘虜而專門挖的深坑。

這樣的解說詞，不知道要表達什麼意思。

當年這場戰爭，趙括中了白起的誘敵之計，追擊佯敗的秦軍，就是在這一片後來被稱作「殺谷」的地方，遭到了埋伏圍困。這裡本來就是深溝大壑，活埋俘虜，秦軍哪裡用得著自己花費力氣挖什麼深坑？

提前設定，凡活埋人，就要開挖土坑，這個前提已經錯了。

況且，利用現成的溝壑活埋戰俘，與開挖土坑然後活埋戰俘，並沒有什麼區別。

往後，現場解說詞和若干介紹這場戰爭的印刷品上，還這樣講：

重疊交錯的屍骨，有的手臂、大腿上有明顯斷裂的痕跡（應係刀砍），有的胸腔內遺有箭頭，還有的僅見軀幹而無頭顱。這些均說明他們是被殺死後掩埋的。

彷彿振振有詞，可惜這樣的推論沒有足夠的說服力。

史書上寫得明明白白。

武安君（白起）曰：「秦已拔上黨，上黨民不樂為秦而歸趙。趙卒反覆，非盡殺之，恐為亂。」乃挾詐而盡坑殺之。

秦軍打敗了趙軍，趙軍盡數投降。但是白起看得分明，上黨民眾並不樂意歸屬秦國，而寧願歸屬趙國。那麼，這數十萬俘虜怎麼辦？平白放歸，生怕日後還會與秦軍對敵。於是，一定要盡數處理。具體處理的辦法，就是用詐謀來坑殺。

到底是怎樣的詐謀，史書上沒有細說。

對放下武器手無寸鐵的俘虜，假說要放他們回家，然後集中帶到若干黃土溝壑中，這是簡單易行的詐騙方法。然後，按照計畫，開始填土活埋。這個也不難操作。

至於部分屍骨上有刀痕或胸腔內有箭頭，這又何足為奇？

或者，俘虜當中原本就有相當數量的傷兵。他們有的斷腿斷臂，有的中過箭傷。作為即將被活埋的俘虜，他們還能指望秦軍醫治好他們的傷痛，然後再活埋嗎？

或者，就是在他們被騙到溝壑中突然面臨活埋的事實時，有人掙扎反抗，想要逃出深坑，全副武裝的秦軍，居高臨下、刀砍槍刺、弓箭伺候。

括而言之，屍骨上面有刀痕箭鏃，何怪之有！

再者，即便秦軍不是活埋俘虜，而是如解說詞所說，是在殺死俘虜之後方才掩埋的，這又如何？這樣的結論，有什麼特殊意義？這就能夠證明白起、秦軍十分仁慈，格外人道嗎？

高平，歷史上有一座骷髏廟，如今則建起了長平之戰紀念館。對於人們記住那場戰爭、了解那場戰爭，引發人們對歷史的思考，值得首肯。

至於紀念館的解說詞，我們也不好過分苛求。

撰寫解說詞的人，或者囿於見識，或者是人云亦云，或者就是不得不然。

關於長平之戰，如何認知，人言人殊。況且，這又牽扯到對秦國的評價，牽扯到對秦始皇平滅六國的評價。

戰國七雄，秦國平滅六國，最終勝出，這是歷史事實。

但是，在長平之戰的現場，在兩千多年後被發現的白骨坑前，高平人、山西人、中華民族，實在沒有什麼義務為所謂大秦帝國的暴行遮遮掩掩，更沒有什麼義務為秦始皇一統天下高唱讚歌。

高平發現了坑殺數十萬趙卒的白骨坑，在此建起了紀念館，這本身就是一件極有意義的事情。

白骨無言。

但是它們分明在控訴！

無論暴君暴政取得了怎樣的勝利，其反人類的殘暴、仗恃武力的強權，永遠不能被諒解！

「秦始皇統一了中國」云云，這樣的大話，看著唬人，其實沒有什麼說服力。

秦始皇統一中國之後，依然按照統治秦國的辦法來統治中國，軍隊奉行首級軍功制度，法律繁苛。毀滅文化、殘殺讀書士子、實行焚書坑儒，「有敢偶語詩書者棄市，以古非今者族」。偶然在說話當中談及詩書，就要當街殺頭腰斬，膽敢以古比今影射當代，就要滅族誅殺全家，這樣的統一，值得一再歌贊嗎？

關於天下歸於一統，孟子曾經說過「不嗜殺人者能一之」、「行一不義，殺一不辜，而得天下，皆不為也」。

這固然只是古代聖賢所期盼的一種理想狀態，卻在事實上，在實踐中，具有極大的難度。但是一個民族的文化菁英，沒有理想是不可想像的。這樣的理想，成為傳統文化的寶貴成分，成為抵制殘暴、不義、屠戮的帝王文化的思想武器，成為華夏文明的一部分。

今天，早已不是秦始皇時代，批判暴君暴政，我們完全可以理直氣壯，而不必擔心被砍頭腰斬和滅族。

時代在進步，文明在復興。

白起豆腐

秦將白起下令，坑殺放下武器的趙卒數十萬，這個事實不需後人而復後人替秦軍和白起費盡心機來洗白。

坑殺趙卒，發生在上黨的長平地區，長平的民眾和老百姓並沒有被殺光。這樣殘忍的滅絕人性的行為，瞞不過當地人。況且，白起放歸二百四十名未成年趙卒，並不是要他們替秦軍掩蓋真相，恰恰是要他們將消息帶回趙國，以宣揚秦軍的不可戰勝，以殘暴行徑來威懾整個趙國民眾。

秦人迷信武力、迷信殺戮，已經到了入迷、上癮、病入膏肓的程度。什麼以德服人、遠人來服、不嗜殺人、協和萬邦，他們從來沒有這樣的思想。

戰死，包括被坑殺，趙國的子弟兵被屠戮了四十五萬。趙國首都邯鄲和整個趙國，幾乎家家戴孝、處處哭聲。如史書所言，是為：子哭其父，父哭其子，母哭其夫，祖哭其孫。

如果屬於戰爭的正常傷亡，對於傷亡者的親屬而言，也會無比悲痛，但是人們儘管不願接受，卻依然必須面對。國家得面對，民間也得面對。而子弟兵已然戰敗，放下武器，按照慣常的戰爭道德與規則，這些人應該能夠得以生還。然而，他們竟然被慘無人道、滅絕人性的秦軍全部屠戮活埋，這是怎樣的悲痛！這樣的悲痛，會生出怎樣的仇恨與詛咒？

楚國滅亡，留下了一句符咒似的誓言：

楚有三戶，亡秦必楚！

質言之，不僅是楚國，這是被秦國殘忍誅滅的所有山東六國的誓言。

秦始皇一統中國，妄想傳之萬世。他以為用暴力掃平的天下，可以用暴力高壓和繁苛刑法來維繫永久。事實上，秦朝短命，僅僅存在了十幾年。

屠戮製造了仇恨，壓迫逼出了反抗。建築在屠戮製造的仇恨之上的大秦帝國，幾乎是在瞬間，土崩瓦解。

秦朝滅亡了，傳統的中華民族對於這個曾經不可一世的帝國，究竟應該秉持一種什麼態度？

《論語》上的一段文字寫得明白 ——

「或曰，以德報怨，何如？」

孔子義正詞嚴地說：

「何以報德？以德報德，以直報怨！」

對於惡，如果是一味忍讓，那就是對惡人惡行的縱容。

對於善，需要捍衛，需要養護，需要與惡勢不兩立。

文明，是在善與惡的搏戰中建立起來的。

正常的社會機制，包括整個社會心理，應該是懲惡揚善——褒揚仁善、懲戒罪惡。

以直報怨，就是懲戒。就是要讓作惡行為本身和作惡的人，付出代價。

具體到長平之戰坑殺降卒，這樣駭人聽聞的罪惡，後人如何做到惡有所懲？具體的始作俑者白起，在秦亡之前，已經身死。但是對於坑殺降卒的罪行，對之進行嚴厲聲討批判，絕沒有什麼過時、過期的法律時效問題。

第二次世界大戰早已結束，對於法西斯戰爭罪行的控訴與批判，並沒有隨著戰爭的結束而結束。

歷史不會忘記，深受反人類罪行之害的人民不會忘記。

深廣的民間，生生不已無窮匱的民間，是道德淵藪，也是記憶的寶庫。

民間，有的人粗通文墨，但是多數人根本不識字。大家或許聽說過《史記》、《漢書》，但是覺得離自己非常遙遠。民間，人們口口傳承，有著屬於自己的歷史學，保護著自己的歷史記憶。

在高平，歷史上傳承至今的許多村名、地名，與長平之戰緊密相關。這本身便是一種永恆的記憶。

「民以食為天」，當地人將一種極其普通的日常食品豆腐，特別稱作「白起豆腐」。

這樣的一種命名，究竟傳承了多少年，無可考據。而當地人祖祖輩輩都這樣說，這樣的民間話語，成為所謂的「口碑」。

《漢書．藝文志》曾經這樣說：

遭秦而全者，以其諷誦，不獨在竹帛故也。

秦始皇可以焚書坑儒，但是他殺不盡天下儒生士子，尤其無法禁絕民間的記憶和口口相傳。

「白起豆腐」這樣的命名，當然有著顯然的直接的用意。毫無疑問，其中有歷史記憶，有刻骨的仇恨與詛咒。

白起坑殺降卒的反人類行為，永遠不會被諒解和饒恕。

與「白起豆腐」有關，山西以及中國的許多地方，還有一種相當普遍的食物——「豆花」。至少，高平一帶的老百姓，將食用這種食品比附為食用白起的腦子。

殘暴與不義，將永遠被記憶、被詛咒！

文明的底線

文明這個詞彙，其含義非常豐富。究竟如何界說，人言人殊。有的辭書這樣解釋，文明是指「人類所創造的精神財富的總和，又指社會發展到較高階段表現出來的狀態」。

這樣的解讀，當然不能說錯。但是看了這樣的解讀，我們依然難以完全明白文明的含義。也許，對於文明，我們能夠感知，可以意會，卻無法給出精準的解答。

我們大可不必限於文字概念的窠臼，還是回到事實上。其實，哪怕是普通老百姓，對文明也一直有著自己樸素的理解和切實的感知。

中國的上古歷史是「夏傳子，家天下」，由於夏朝末代君主夏桀殘暴不仁，乃有商湯伐夏，商朝取代了夏朝；爾後商朝末代君主紂王殘暴不仁，於是有武王伐紂，周朝取代了商朝。

商湯伐夏與武王伐紂，號稱「湯武革命」。以仁討伐不仁，取而代之，在中國的正史上，始終受到一致稱讚與褒揚。

但是孔子，對此卻有過深刻的思考，對之有過非凡的評判。

《論語．八佾篇》，孔子對推翻商紂統治、創立周朝的周武王，發出了劃時代的批判。

子謂《韶》，「盡美矣，又盡善也」；謂《武》，「盡美矣，未盡善也」。

《韶》樂，是舜時代的樂曲；而舜的天子之位是由堯禪讓而來的，所以孔子稱讚說，《韶》樂，可謂盡善盡美。

《武》樂，是武王時代的樂曲；武王伐紂而有天下。孔子認為，討伐商紂，儘管是正義的，但是畢竟是使用了武力、暴力，未能盡善。這不是孔子理想中的至仁至善。

武王伐紂，伯夷、叔齊曾經叩馬而諫，其後雙雙餓死首陽山。除此而外，伯夷、叔齊有什麼驚天動地的業績？但是孔子對伯夷、叔齊極力推崇；「孔子卒後至於今五百歲」（〈太史公自序〉），司馬遷著《史記》，將〈伯夷列傳〉編在七十列傳之首。這是為什麼？

推崇暴力，以暴易暴，即便如何聲稱天經地義，古代仁人和孔子都不能完全贊成。大砍大殺、血流漂櫓，武王伐紂，武力奪取政權，到底開了什麼樣的歷史先河？

孔子的思考，是極為深刻的。孔子站在歷史的制高點，洞見了迷信暴力帶給人類的災難性後果。後世的王朝更替，敢問哪個武力奪取政權者，不是冠冕堂皇地聲稱自己是效法了周武王？

迷信暴力、推崇暴力，只會導向暴政，導向不義，導向侵略，導向軍國主義。

孔子對武王的批判，跨越千古，堪稱超時代的批判。

秦始皇之所以焚書坑儒，反過來證明了暴政暴君對仁者仁道的刻骨仇恨與無比恐懼。

相對於「武運長久」，自古以來，中華民族的聖賢和深廣的民間，奉行和堅守的始終是「仁者無敵」。

中國歷史上，有過一個著名的長平之戰。

長平之戰，發生在山西的高平。

白起率領的秦軍坑殺趙卒四十萬，這裡的村名、地名，這裡的骷髏廟和白骨坑，成為歷史的鐵的見證。

這裡的人們拒絕饒恕白起，這正是在踐行和堅守仁道。

外地的人，各種媒體，也許聽不到他們的聲音，他們像大地一般沉默不語。

但是曾經布滿屍體白骨的大地，浸透了鮮血的大地，曾經見證過歷史的大地，有著永恆的記憶。

山西的歷史見證

華夏民族古老的神話中有女媧摶土造人然後煉石補天的故事。她造人的時候，多半是用黃土高原的黃土摻和了黃河水的吧。無論男人還是女人，無論動物還是植物、微生物，離了水原本不能生成，亦將不復生存。中華民族，從遠古蒙昧的時代走來，創造了東亞板塊上悠久燦爛的農耕文明。

襄垣的回顧

「三里之城，七里之郭，環而攻之而不勝。夫環而攻之，必有得天時者矣；然而不勝者，是天時不如地利也。」在上黨盆地北緣，創立趙國的一代英豪趙襄子，於春秋末期最早於此築城，故名「襄垣」。中國的版圖上，從此有了這個名堂，名正而言順。而且，自史上實行郡縣制以來，襄垣作為州縣名稱，始終不曾更易。由之，足見襄垣之古老，這座古城幾乎見證了整部中國文明史。

最早的襄垣城，築造於濁漳河之北。背靠太行雄峰，俯瞰上黨盆地。農耕文明托舉著上古世紀的建築輝煌，乃有偉岸城闕；城闕多背山面水，體現著華夏先民古老的風水觀。古老的城垣該是版築而成，巨型磚石護衛其外。而春秋多戰事，想像那時的襄垣城必定是城牆高厚，有執戟武士嚴密守衛。強調宜居、重視安全，是為安居。安居而能樂業，民眾其樂融融。

趙襄子後來入主趙氏的發祥地晉陽。晉陽古城背靠繫舟山，君臨汾河水。在襄垣築城守衛的經歷，磨練了趙襄子。當強橫的智伯聯合韓魏兩家前來圍攻趙氏，趙襄子依託晉陽，累月經年頑強地抵抗著。晉陽城鐵壁銅牆，巋然崛立。

我們都知道最終的歷史事實，恰恰是趙氏以大義遊說韓魏兩家，汾河水反過來淹灌了智伯大營。趙韓魏三家，共同誅滅了不可一世的智氏，從此三家分晉，歷史跨入戰國時代。

趙襄子創立了強盛的趙國，足足抵抗強楚暴秦二百餘年。那麼，建立了趙國的趙襄子，曾經回到過他青年時代築造的襄垣城嗎？我們可以設想，當襄垣重歸趙國版圖時，趙襄子或者曾經故地重遊。兵車軒敞，戈戟如林，一路煙塵，載欣載奔。一代開國英豪，其時當是感慨繫之。

而在三家分晉之初，襄垣曾經一度歸屬韓國，所以此地又有「古韓」之稱。

著名的韓國公子張良，據稱少年時代一度在襄垣生活留駐。太史公原本以為，協助漢高祖運籌帷幄之中、決勝千里之外的張良，該是那種魁偉丈夫，及至見到圖像，才知雄才大略的張良竟溫良如婦人處子。

為抗拒暴秦，文弱的公子鋌而走險，在博浪沙對秦始皇有過捨身搏命的驚天一擊。匹夫之勇，雖有後人詬病，然張良熱血澎湃，不畏犧牲，勇哉少年！

後來，張良深自反省，並且得圯上老者指點，終成一代謀臣良相。韓國公子用他的智慧權謀，輔佐漢高祖，建立了大漢王朝，張良成為著名的「漢初三傑」之首。

我們應該相信，襄垣大地，滋養過這位傑出的王佐之材。

功成身退之後，張良謝絕封賞，隱居山林。那麼，隱退後的張良回到過他當年的成長之地嗎？也許，深得黃老之學精髓的張良，蘊藉內斂，再也沒有回過此處。襄垣，成了他的夢裡家園。

歷史發展到三國兩晉，創生於古印度的佛教已經東來。東晉的一代高僧大德法顯，出生在襄垣，修行於此地的佛教名勝仙堂山。鑒於佛教典籍經律論的殘缺混亂，法顯以六十餘歲高齡，毅然發願，成為中國歷史上第一位遠赴西天取經的僧人。

法師歷盡千難萬險，遠赴西天求法，歷時十五年。他從陸路抵達印度，從海路歸來。法顯一身一人，可以說走過了陸上和海上的絲綢之路。沙磧如海海如天，在艱險的途程中，法師有過退縮嗎？在生死關頭，法師懷念過故土襄垣嗎？為了胸中的信念，他義無反顧，之死靡它。與其說求法的信念鼓舞著他，莫如說華夏本土文明開放包容的胸襟支撐了他。

九死一生、九轉丹成。法師從西天佛國取回佛經，極大地促進了佛教在中國的進一步傳播發展。

法顯歸國，史載駐錫京都建康。他以古稀之年，盡心竭力翻譯佛經、弘揚佛法，據說圓寂於湖北荊州。

那麼，一代高僧在他的晚年，曾經回到過仙堂山，回到過他的出生地襄垣嗎？

佛法普度眾生，高僧四大皆空。襄垣即天下，天下何嘗不是故鄉呢？法師歸也未歸，不歸是歸吧。

婁煩的見證

截至清朝末年，山西地面的府道州縣行政區劃設定，在傳統上和老百姓的敘述中，叫做「九府十六州，一百單八縣」。說來順口，也便於記憶。

婁煩縣的設縣、定名，歷來頗有說道。「樓煩」莫名其妙成了「婁煩」。習慣的解釋是：由於當時的工作人員缺乏相關歷史知識和地名標準化意識，竟然誤將當地民眾所寫的錯別字「婁煩」。

應該承認，眾所周知，今日之婁煩者，實乃古之樓煩也。

古籍曾有記載：「周王繪圖有樓煩國。」所以有一種說法稱，樓煩不是北方狄族，而是周天子的屬國，曾被封為子爵。而更為可靠的史料記載，樓煩原是中國北方一個古老的游牧民族或部落的名稱。從西周到春秋乃至秦漢，中央政權始終必須面對樓煩國的強大存在。

戰國時代，先是歷史上著名的趙武靈王進行胡服騎射的改革，樓煩國為趙武靈王所破，歸屬趙國。更為著名的秦始皇統一中國後，先把中國劃分三十六郡，後來擴展為四十六郡，增設了樓煩郡。

直到這時，樓煩一直不曾亡國，仍然活躍在黃河中游的河套地區。到了西元前127年，同樣著名的西漢大將衛青「略河南地」，方才趕走樓煩王，在此設朔方郡。從此，樓煩部族似乎消失在茫茫的草原中。

樓煩國滅亡了，樓煩人也彷彿消失了。然而，樓煩國曾經存在，樓煩民眾生存繁衍過的地方還在。

樓煩最終變成了一個地名。這個富含歷史傳承意味的地名，就在上述地方以郡、州、縣、鎮的名堂一直延續了兩千多年。這成為華夏文明史上的一個歷史現象，或曰文化現象。這個現象的存在，足以發人深思。

據《史記·趙世家》記載，趙武靈王攻破並戰勝樓煩國後，並沒有誅殺他們的人馬，而是採用了「致其兵」的策略，收容改編樓煩軍將，繼續為趙國所用。

史書透露出的些許資訊，非常耐人尋味。

自古以來，主要在黃河流域繁盛成熟的農耕文明，與北部接壤地帶的游牧文明，兩者之間的衝突與融會，始終沒有停止過。

氣象學家的研究證明：上述兩種文明之間，是隱約可見、曲折迴環的一條400公釐等降水量線。降水量的多寡，大致決定了兩種文明、兩種生產方式的分界線。

兩種文明地帶，呈犬牙交錯的狀態。儘管歷來難免發生衝突，但是也經常相互滲透。

在東亞這個巨大的板塊上，以農耕文明為核心的中央文明，我們稱為華夏文明。這個文明崇尚自然大道，講求和諧中庸；倡導和而不同，希望協和萬邦；奉行存亡繼絕，而非趕盡殺絕。

早在春秋末期，著名的韓趙魏三家分晉之後的趙國，就將太行山東部曾經立國百年的狄族國家仇猶國，併入趙國版圖。

仇猶國原住民並沒有離開他們的家園，他們漸漸吸納服膺了農耕文明，古仇猶國最終成為趙國的內地。

同樣，游牧文明下的那個強大的樓煩，作為曾經的悠久的樓煩國消失了。但是我相信，樓煩國人民沒有消失。樓煩國歸入了大中華的版圖，這裡的人漸漸化進了整體的華夏民族之中。

樓煩，作為一個富有歷史文化含量的名詞，數千年載於史冊。

樓煩，作為一個因襲了「樓煩國」的歷史而存在的地名，數千年存在。

樓煩，作為中央政權的郡縣治所，曾經在朔州，曾經在原平，曾經在靜樂。不論它在哪裡，它始終不曾消失。

它是曾經的歷史；

它是古老的國度；

它是華夏文明的構成部分；

它是雍容博大的、氣度恢宏的、相容並蓄的、萬邦協和的東亞文化的光榮證明。

這一切，歷史性地載入到「婁煩」這個地名的肩上。

婁煩作證。

有關水的神話

水，總是給予人神奇瑰麗的感覺。

華夏民族古老的神話中有女媧摶土造人然後煉石補天的故事。她造人的時候，多半是用黃土高原的黃土摻和了黃河水的吧。無論男人還是女人，無論動物還是植物、微生物，離了水原本不能生成，亦將不復生存。中華民族，從遠古蒙昧的時代走來，創造了東亞板塊上悠久燦爛的農耕文明。

農耕文明與水的關係，其重要性更毋庸言說。一方面，農作物生長，離不開雨水，乾旱、少雨、缺水，成為一個幾乎是永久性的問題；另一方面，洪水肆虐、江河氾濫、侵凌山谷、沖毀田園，又成為一個幾乎是經常性的問題。

輝煌的農耕文明，與水結下了不解之緣。

大洪水時代剛剛結束，先祖們就開始了治理江河水患的偉大傳奇。

大禹治水的神話傳說，光耀千古。而神話傳說，正是凝練了的歷史。

我們人類，可以治理水患。大禹治水，這是人的證明。

治水猶如治國，是壅塞，還是疏導？大禹治水，留給我們寶貴的政治經驗和哲理思考。

治理像黃河這樣的大河，沒有水文、地理、氣象、建築、數學、曆法等知識的高度累積和相對發達，是不可想像的。沒有整合整個族群千百萬人的組織能力、協調能力、凝聚力與親和力，同樣是不可想像的。大禹治水，對於華夏民族的族群整合，包括語言的整合、科技文明的整合，都產生了無可比擬的功用。

在大禹之前，最早治水的是山西的台駘。

台駘，是上古金天氏少昊的後代，所屬部族中的人是最早的一批晉人，他在上古五帝之一帝嚳時為治水的官吏，其故事散見於《左傳》、《山海經》、《史記》、《水經注》等古代典籍。

台駘一生活動在汾河流域。他先於大禹數百年治理汾河並取得了巨大成功，無愧「華夏治水第一人」。在他的治理下，汾河水患得以根治，晉中、晉南盆地成為適宜人類生息的沃土。其後，所謂前三王堯、舜、禹，相繼在晉南建都。堯都平陽、舜都蒲坂、禹都安邑，成為史學界的定評。山西，特別是晉南，這才成為中華文明的植根生長發育之地。

晉人追念台駘功績，在臨汾侯馬、晉中太原、呂梁汾陽、汾水源頭寧武等地，都建有台駘神廟。

當人們仰視大禹的時候，大禹在仰視他的前人台駘。除了水患之外，在山西，在黃河流域，在整個北方，乾旱少雨是農耕生產面臨的巨大問題。為了祈求安居樂業、五穀豐登，靠天吃飯、在土地上刨食的人們，千百年來總是祈禱神靈的庇佑。

在最普通的也是最典型的農家四合院中，供奉著各種神靈。兩尊門神守護著大門，大門過道裡或者迎門照壁上，是土地公公的神龕。人們為土地神書寫的對聯往往是這樣的：土中生白玉，地內出黃金。進了院子，東廂上首供奉天地大王，西廂下首供奉水草大王。水草大王的對聯則說：水能潤萬物，草可養牲畜。

明白如話、微言大義。平直簡潔、振聾發聵。

至於遍布華夏各州府縣的河神、水神、雨神的神廟，就更不計其數。

為了順應民意而上達天聽，朝廷也不得不加封中華大地上江河湖海的各路神祇。比如，自唐以降，歷代皇朝敕封「江、河、淮、濟」四大河流的河神為「四瀆」。官方主持四時祭拜，代表皇家禮敬如儀。

恐懼江河氾濫，人們祈禱神祇們管束河水，勿許肆虐；一旦天旱少雨，人們又來祈禱神祇降雨，普灑甘霖。

漫長的農耕歷史上，求雨、祈雨，成為農夫們千年百代的不定期必修課。河神、水神、雨神，人們希望這些享受四時祭祀的神祇，此時能夠大發神威，有求必應，普降甘霖。

大禹、台駘，因為治水而被後人尊奉的神祇，後人而復後人希望他們能夠呼風喚雨。

這樣的例證，多不勝舉。

比如，位於河曲黃河邊上西口古渡的大禹廟，當地百姓稱為「河神廟」；盂縣藏山供奉的趙氏孤兒趙武，當地百姓稱為「藏山大王」；太原西郊著名的晉祠，聖母殿供奉著唐叔虞的生母，聖母殿的近旁，卻是民間神話創造的「水母娘娘」的廟堂。龍能夠行雲布雨，於是各地多有龍王廟。

人類創造出各種神祇，把原本的人尊奉為神，然後向神靈頂禮膜拜。面對神祇，除了感懷追念，至少還能讓我們反求諸己。

天人合一，曾經是古老哲學，是古老律令。人類對於水資源的開發利用與珍惜保護，治水與用水，從來都是一對矛盾。困擾過大禹和台駘的問題，依然困擾著人們。大禹和台駘，曾經為人們做出了榜樣。

民歌的燦爛光輝

我也喜歡仰望星空，如從遠古走來的祖先，於是，我有了一個屬於自己的聯想。我常常說，中國大地上無窮無盡的民歌，彷彿我們頭頂燦爛的星河。民歌數量之多，密如銀河繁星；民歌流傳，亙古不絕，猶如天際永恆流動的天河。民歌像天星一樣清晰高遠，它們聖潔高古，天籟自鳴。

蒙漢調

黃河在第一道大折彎之後，北上東進，在北中國版圖上，畫出一個巨大的弓形。黃河先是徜徉北去，沃灌了寧夏，而後悠然漫步內蒙古高原，滋養了五原、臨河一帶，在它畫出的弓形尾梢，黃河兜頭南下，劈開黃土高原，犁出了晉陝大峽谷。就在這裡，在這晉陝蒙三省區交界處，出現了黃河第二道大折彎。第二道大折彎處，是農耕文明與游牧文明的交融地帶。這裡蒙漢雜居、和諧共處，大家相互交流說的是晉方言，廟會市集唱的戲是山西梆子和二人臺。而且，這裡的蒙漢民間歌手，除了會唱蒙古民歌和晉陝民歌、二人臺和爬山調以外，還格外會唱一種「蒙漢調」。

蒙漢調，原名曾經叫過「蠻漢調」。那個「蠻」字，分明帶有某種不屑甚或歧視的色彩。因之，有人曾經將其文字記錄為「漫瀚調」。後來，方才正式定名為「蒙漢調」。說起蒙漢調，當地文化工作者將其評價為「活著的詩經」。猶如將「花兒」稱為西北魂一樣，「活著的詩經」同樣給予「蒙漢調」這個民間瑰寶以至高無上的地位。

就蒙漢調的歌詞而言，其內容可謂包羅萬象。在調式旋律上，既不同於山陝民歌，又不同於蒙古民歌，而是一種糅合了兩個民族歌曲特點的全新民歌。而且，它糅合得是那樣天衣無縫，完美無缺，可以同時使用二胡、板胡與馬頭琴來伴奏，而無不和諧之感。

蒙漢調主要流行於鄂爾多斯高原伊克昭盟。

伊克昭盟當中，則以準格爾旗的蒙漢調最為著名。

準格爾旗往南是陝西省府谷縣，東南隔黃河相望就是山西省的「民歌之鄉」河曲縣。

萬里長城自東蜿蜒而來，橫切黃河，將陝西府谷、山西河曲與內蒙古準格爾旗阻隔。而長城已坍塌，唯有黃河萬古奔流，將她的子民們連繫在一起。

長城從來未能阻斷山西二人臺、陝西信天游、蒙古長調的交融會合，蒙漢調即是證明。

一曲〈走西口〉，耳熟能詳，於是，出現了山西、陝西乃至內蒙古有關部門爭奪〈走西口〉正宗原產地的風波。

其實，單就「西口」這個名詞而言，它是與「北口」並列共存的詞彙。古來長城關口，在傳統習慣上，將地處河北者稱為「北口」，而將地處山西者稱為「西口」。走西口，作為中國近代史上一大移民現象，無疑是指山西、河北、陝西民眾由長城上的眾多關口走出去，走向廣闊的內蒙古高原。西口，在其能指與所指的意義上，都具有了廣泛的內涵。當然，最典型的走西口，發生在山西右玉的殺虎口與河曲的西口古渡。河曲老縣城原本距離黃河數十里，是走西口的滔滔人流與巨大商機在西口古渡生生造出了一座新城。

純粹民間的走西口，由更純粹的民間藝術家創作完成為〈走西口〉這個藝術瑰寶。這不啻是一樁奇蹟。

〈走西口〉，極有可能是對走西口體會最深、受走西口影響最大的河曲民眾創作的，更有可能是親自參與了走西口、流落在西口外的背井離鄉的中土民眾共同創作的。走西口，是民眾面對的生存現實，更是走出口外的人們曾經體驗過的生命歷程。

〈走西口〉屬於跨越長城兩邊的千百萬民眾，爭奪它的「原產地」是可笑的，至少也是一種不智的行為。

在長城以北，歷代眾多游牧民族共同創造過輝煌的「馬上文明」。牧歌，是游牧民族的文明瑰寶。時代演變至今，蒙古長調響徹在藍天白雲下的廣闊草原，它必定糅合了眾多北方游牧部族的民歌精華而集其大成。

長調，何以讓人一聽，就感覺儼然身處遼闊的草原？長調，又何以在舒緩悠揚、遼闊高遠的旋律中蘊含了淡淡的憂傷？

可以想像，草原太遼闊了，面對無邊的空曠，牧人們信馬游韁，逐水草而居，非長調不足以抒發人的感受，非長調不能傳達心情。而天高雲淡，除了空曠還是空曠，孤獨的牧人怎麼能不生出莫名的憂傷？於是，長調成為人在高天遠地間的自由獨白。極目處的山巒敖包、地平線那端炊煙下的氈房、想像中的母親和情人、眼前的牛馬、身邊的流水茂草，都是長調傾訴的對象。長調如微風拂動大雁的羽翎，精靈般在天地間迴盪。

而在中國內地，人煙輻輳之所，民歌演唱有傳達更多資訊之需要，節奏不宜太緩;作為曠夫怨女的自我傾吐和流露，禮教大防之下，又宜於低吟淺唱。比方晉中民歌，聽來便彷彿置身於一片泛著穗實香氣的高粱田中，在莊禾的枝葉間隙裡，村邊的青堂瓦舍隱約可見。

趕車的漢子，一邊甩著響鞭吸引臨街圍坐著做針黹的婆姨們注意，一邊就旁若無人地吼唱著秧歌進村。頭上毛巾綰出的英雄結、腰間麻花樣式的腰帶，和著節奏在瀟灑甩動著。女人們就毫無來由地發出一陣咯咯笑聲。哪個女人或者在鬢髮瀏海上抿抿針尖，追著那車把式的背影，也和兩句秧歌。老漢們也許皺了眉頭，說些三綱五常的話。在女人堆裡學刺繡的閨女家，突然便扎破了手……

而在山西、陝西北部，黃土高原的溝壑地帶，民歌風格則婉轉而高亢。

與長調的渾厚疏闊以及秧歌的甜潤婉轉相比，信天游和爬山調選擇了尖銳且極富穿透力的歌喉。加之多是男女調情的內容，這些民歌野性十足。與水土流失的地貌相符，刺激、粗糲，天高皇帝遠，無法無天；又彷彿貧瘠的大地上頑強生存的沙棘、棗刺，為一派蠻荒增添了絲絲生機。

當清朝政府下令開邊，信天游與爬山調隨著走西口的滾滾人流越過了長城。猶如錢塘潮水，氣勢逼人。這種尖銳的具有穿透力的歌曲，遇到千百年來依託廣闊草原發展的長調的狙擊，如武林高手比拚功力，金戈鐵馬、鋒刃相交。兩條支流爭搶河床，最終雙雙匯入巨流，錢塘大潮受到海岸堤壩阻攔，最終形成了驚天動地的回頭潮。內地民歌與草原長調，彷彿二龍戲珠，真氣碰撞，團欒旋轉，熔鑄出了全新的民歌瑰寶蒙漢調。

黃河上游，中國大西北游牧文明與農耕文明滋養了嬌豔悽美的「花兒」；黃河中游，中國北方游牧文明又與農耕文明造就了熱烈俏麗的「蒙漢調」。

交城山

我喜歡民歌，尤其喜歡原生態民歌。

喜歡那稚樸不文、天才靈動的歌詞；喜歡那野性原始、千錘百鍊的曲調；喜歡那未加雕飾、原汁原味的吟唱吼喊。

民歌是永遠的天籟，是遙遠而又清晰的星辰。

民歌，如罡風拂動草葉，天籟自鳴。著名的山西民歌〈交城山〉，也是我喜歡的其中一首。

交城的山來交城的水，
不澆那個交城它澆了文水。
交城的大山里沒有那好茶飯，
只有莜麵栲栳栳，還有那山藥蛋。
灰毛驢驢兒上來灰毛驢驢兒下，
灰毛驢驢上山，灰毛驢驢下。
交城的大山裡莫啦那好茶飯，
一輩子也沒坐過那好車馬。

這首〈交城山〉，歌詞基本未加雕琢，保全了原歌詞的真純樸素；曲調基本上未經加工，保全了原曲調的悲苦幽婉。

許多文化館和音樂協會的工作者，多年來都做過蒐集民歌的工作，可謂卓有成效。

他們將歌詞書之竹帛供人閱讀，將演唱搬上了舞臺讓人欣賞，讓民歌走出了山野，堪稱功不可沒。

〈交城山〉因此走出大山。

〈交城山〉當然是山西民歌，但是權威的著述，似乎有一個定論，說這首歌是「交城民歌」。

對此，有位作家提出了疑義。

〈交城山〉的曲調是悲苦的。

〈交城山〉的歌詞，是控訴的。

愛家鄉，是一般人出自天然、近乎本能的情懷。再窮苦的地方，也會拼湊出當地的四勝八景；再貧瘠偏遠的山鄉，也會成為夢中遊子的仙境天國。

然而，在〈交城山〉這首歌裡，卻赫然列舉此地交通不便、飲食粗糲，甚至連溪水河流都不曾眷顧灌沃這個地方。交城的人們怎麼了？他們為什麼有悖常情常理，為什麼要反覆悲嘆，乃至詛咒自己的家鄉呢？

說鳳陽，道鳳陽，

鳳陽本是個好地方；

自從出了個朱皇帝，

十年倒有九年荒！

這是著名的〈鳳陽花鼓〉中人們最耳熟能詳的唱段。鳳陽百姓，賣兒賣女，身背花鼓，乞討四方，不更是在悲鳴詛咒嗎？

細想一回，則又不然。上述歌子，詛咒的不是故鄉家園，而是皇家，是皇帝朱元璋！

說到〈交城山〉，當地人為什麼要詛咒自己的家鄉呢？緣由究竟何在呢？我若干年都懷有這樣的疑問。

交城山周遭綿延八百里。東南面，屬交城；西南與方山交，正北與婁煩交。交城山，並不是僅僅圈定在交城縣境內的一座山。

〈交城山〉，顯然也不能簡單地界定為交城民歌。

這座大山，林密溝深、山勢險峻，交通極其不便，自古極為苦寒。深山雖無苛政，但是自然條件嚴酷。極度貧窮之地，人們也要繁衍生息。從前，弟兄幾人，苦鬥多年，終於累積百八十個大洋，下山買得一個窮苦人家的閨女回來。這確實是當年山民們的婚姻生態實際狀況。那個苦命的、纏腳的少女，從此拋家別母，嫁到山上。有的人，終其一生，再也沒有走出過大山！這是曾有的現實，這是曾經的歷史。只有苦難，只有淚水。

只有苦難和淚水培植澆灌出的一闋〈交城山〉，竟然走出了山外。如同淙淙溪流，百折千回，流出山外；彷彿山風，吹動林濤，濤聲匯入天籟。

這是婦女的一曲悲歌，這是歷代苦命女子的淚水之河，這是那位荳蔻年華的女兒的嘶喊！

它是交城民歌，也是方山民歌，同時又是婁煩民歌；它是山西民歌，它是中華民歌。或者，它也是全世界婦女的嘶喊匯聚成的一首屬於全人類的民歌！

妄改民歌，好比妄改歷史。民間口頭傳說，包括民歌，與官家書寫的史書，自古以來就進行著一場曠日持久的較量。

民間不死的傳說，記錄著血寫的真實：

遭秦而全者，以其諷誦，不獨在竹帛故也。

民歌猶如天籟，與天地比壽；民歌彷彿星辰，星河耿耿。

〈交城山〉如同穿越歷史的罡風，從遠古而來；〈交城山〉是一顆亮麗的星星，點綴在屬於它的星空。

永恆的愛情

在我們所處的北半球，在不曾被汙染的鄉野，在盛夏初秋的夜空，有一道銀河橫亙天際。就在我們的頭頂，牛郎星和織女星隔河相望。

農曆七月初七，中華民族有民俗節日七巧節，也叫乞巧節。仰望這個節令最璀璨的銀河，牛郎織女的故事應運而生。

牛郎織女的故事，位列中華四大民間傳說，老百姓口耳相傳婦孺皆知。多數中華民族人不管西方傳入的什麼天琴座、天鷹座，都不豐厚的神話傳統，有著自己古老完備的星象譜系。

除了民間傳說，中華民族的民歌也浩如煙海、密如繁星。

我格外喜歡民歌，說超乎常人亦不為過。

我也喜歡仰望星空，如從遠古走來的祖先，於是，我有了一個屬於自己的聯想。我常常說，中華大地上無窮無盡的民歌，彷彿我們頭頂燦爛的星河。民歌數量之多，密如銀河繁星；民歌流傳，亙古不絕，猶如天際永恆流動的天河。而民歌像天星一樣清晰高遠，它們聖潔高古，天籟自鳴。

相對於任何歌曲，民歌彷彿自生自滅，卻又生生不息。

大地在哪裡，星空在哪裡，民歌也就永遠在哪裡。

民歌當中，涉及牛郎織女故事的也不少。因為民歌屬於古代《詩經》分類中的「風」，曲調各具地域特色，而內容絕大多數涉及愛情。牛郎織女的故事，正是一則悽婉而純樸、神奇而感人的愛情故事。

民間傳說，簡單質樸而寓意深厚。

民歌，沒有忽略這個傳說。比如晉陝蒙地區繁盛的蒙漢調，當中有這樣的唱段：

頭頂一道天河水，

牛郎織女隔在兩頭起。

上房瞭見那天河水，

什麼人留下個「刮野鬼」？

過去漢子們闖江湖，有些年月音信不通，在故鄉人的敘述中，包括自我形容，叫做「刮野鬼」。「刮野鬼」的漢子，跋涉草地，遠赴異域，經商打工，艱難生存，無疑會思念家鄉、思念親人，特別是愛人情人。山河阻隔，情思無限，彷彿牛郎織女，被無情的浩瀚銀河，隔開在永遠不能聚首的兩廂。那是最為古老的比興，那是極其經典的借喻，那是順手拈來的意象。非此，不足以表達分離的痛苦與無奈，不足以傳達思念的悽婉和痛切。

民間傳說裡，專橫的王母娘娘，代表維護等級的王權，硬生生將牛郎織女隔開在銀河兩側。這樣的傳說，真是天才的創造。

假如牛郎織女有情人終成眷屬，過上了如願以償的日子，這個美麗的愛情傳說也就壽終正寢了。正如吳剛伐不倒月中桂樹，他因而贏得了永生。於是，在中華民族，在東方，有了一個永恆的七夕。

月有陰晴圓缺。永遠的天空，會有永遠的上弦月。那麼，永遠的銀河，真的永遠地阻隔開牛郎和織女了嗎？蒙漢調裡這樣唱道：

山擋不住風，
雪擋不住春；
神仙也擋不住個人愛人！

在那美麗的傳說裡，多情善良的喜鵲，助人為樂，在七月初七這天夜裡為被銀河阻隔的情人搭起彩虹般的鵲橋。牛郎織女，踩著神異的鵲橋，從天河兩岸盈盈而來，奔赴他們短暫而永恆的幽會。

宋代詞人秦觀有一首〈鵲橋仙〉，寫的正是這個永恆題材。

詞人在下半闋這樣寫道：

柔情似水，

佳期如夢，

忍顧鵲橋歸路；

兩情若是久長時，

又豈在朝朝暮暮！

他的詞，通俗而雋永。他不僅熟知那美好的民間傳說，而且一定也聽過許多當時的民歌吧？

再往早說，唐代詩人劉禹錫的〈浪淘沙〉也相當著名：

九曲黃河萬里沙，

浪淘風簸自天涯；

如今直上銀河去，

同到牽牛織女家！

這裡，地上的黃河與天上的銀河合而為一了。

牛郎織女的傳說，包括關於這個傳說的民歌，產生在黃河流域，最終匯聚到永恆的屬於民歌的銀河中了。

朝朝唱，代代唱，

也不知唱死了多少老皇上！

山曲兒好比天上的月兒，

滅了朝廷滅不了曲兒！

這是民歌的自信。

民間傳說，在葡萄架下，幽會的情人能聽到牛郎織女相逢時的竊竊私語。

永恆的七夕，星河燦爛，靜夜無聲。我們心中迴響的，是人類基因血脈裡永恆的愛情，永恆的吟唱。

電子書購買　　爽讀 APP

國家圖書館出版品預行編目資料

五千年文明看晉地，中華文化的崛起之路：大禹治水 × 長平之戰 × 藏山救孤……從上古神話到春秋戰國，屬於山西的輝煌與宿命 / 張石山 著 . -- 第一版 . -- 臺北市：崧燁文化事業有限公司，2025.02
面；　公分
POD 版
ISBN 978-626-416-312-5(平裝)
1.CST: 人文地理 2.CST: 歷史 3.CST: 山西省
671.49　　114001423

五千年文明看晉地，中華文化的崛起之路：大禹治水 × 長平之戰 × 藏山救孤……從上古神話到春秋戰國，屬於山西的輝煌與宿命

臉書

作　　者：張石山
發 行 人：黃振庭
出 版 者：崧燁文化事業有限公司
發 行 者：崧燁文化事業有限公司
E-mail：sonbookservice@gmail.com
粉 絲 頁：https://www.facebook.com/sonbookss/
網　　址：https://sonbook.net/
地　　址：台北市中正區重慶南路一段 61 號 8 樓
8F., No.61, Sec. 1, Chongqing S. Rd., Zhongzheng Dist., Taipei City 100, Taiwan
電　　話：(02) 2370-3310　　傳　　真：(02) 2388-1990
印　　刷：京峯數位服務有限公司
律師顧問：廣華律師事務所 張珮琦律師

定　　價：350 元
發行日期：2025 年 02 月第一版
◎本書以 POD 印製